公路与桥梁工程施工技术

徐晓山　谢翠玲　侯艾汝 ◎ 著

中国建材工业出版社
北　京

图书在版编目（CIP）数据

公路与桥梁工程施工技术/徐晓山，谢翠玲，侯艾汝著. --北京：中国建材工业出版社，2024.12
ISBN 978-7-5160-4078-2

Ⅰ.①公… Ⅱ.①徐… ②谢… ③侯… Ⅲ.①道路施工－工程施工②桥梁施工－工程施工 Ⅳ.①U415 ②U445

中国国家版本馆 CIP 数据核字(2024)第 054046 号

内 容 简 介

本书从公路与桥梁工程施工概述讲起，详细阐述了路基施工技术、路面施工技术、桥梁下部结构施工、桥梁上部结构施工。本书内容较为全面，结构较为科学，可作为公路与桥梁工程施工人员的参考用书。

公路与桥梁工程施工技术
GONGLU YU QIAOLIANG GONGCHENG SHIGONG JISHU
徐晓山　谢翠玲　侯艾汝　著

出版发行：中国建材工业出版社
地　　址：北京市西城区白纸坊东街2号院6号楼
邮政编码：100054
经　　销：全国各地新华书店
印　　刷：北京四海锦诚印刷技术有限公司
开　　本：787mm×1092mm　1/16
印　　张：9
字　　数：170 千字
版　　次：2025 年 3 月第 1 版
印　　次：2025 年 3 月第 1 次
定　　价：88.00 元

本社网址：www.jskjcbs.com，微信公众号：zgjskjcbs

前 言

随着经济发展，运输业变得尤为重要，而公路与桥梁工程是其重要支撑。我国明确将加快交通运输发展作为事关国民经济全局的战略性和紧迫性任务，公路桥梁工程建设迎来了大发展的历史机遇。公路桥梁工程的项目管理对有效提升工程的质量和综合效益具有重要意义。

本书从公路与桥梁工程施工概述讲起，详细阐述了路基施工技术、路面施工技术、桥梁下部结构施工、桥梁上部结构施工。本书内容较为全面，结构较为科学，选材新颖，知识系统完整，结构层次分明，内容通俗易懂，文字表达准确。可作为公路与桥梁工程施工人员的参考用书，对公路与桥梁工程施工技术感兴趣的业余爱好者也可阅读。

本书在写作过程中，参考了很多专家、学者的著作和研究成果，同时得到了广大业内人士的热情帮助，获得了许多宝贵意见，在此表示深深的感谢。作者水平有限，书中内容难免存在不足之处，敬请各位读者批评指正。

著　者

2024 年 10 月

目录

第一章

公路与桥梁工程施工概述

第一节　公路施工基础

一、公路的基本组成

（一）公路路基

1. 公路路基的概念

公路路基是按线形设计的位置和横断面尺寸在天然地面上用土或石填筑成路堤（填方路段）或挖成路堑（挖方路段）的带状结构物，其主要作用是承受路面传递的车荷载，是用来支撑路面的重要基础。因此，路基本身必须要具有足够的强度与稳定性，还应具有不易变形等特点，并且要有一定防水性及其他自然因素对路基本身的侵蚀和损害。

水是造成路基破坏的主要自然因素之一，因此为了排除地面水和地下水，保证路基使用寿命与强度，需设计完善的公路排水系统。

2. 公路路基防护工程的分类

路基防护工程是为了加固路基边坡，确保路基稳定而修建的结构物。按其作用不同，可具体分为以下三种类型。

（1）坡面防护

路基边坡坡面防护一般有植物防护、坡面处治及护坡与护面墙等。

（2）冲刷防护

冲刷防护除上述防护外，为调节水流流速及流向，防护路基免受水流冲刷，在沿河路基还可设置顺坝、丁坝、格坝等导流结构物。

（3）支挡构造物

支挡构造物一般是指填（砌）石边坡、挡土墙、护脚及护面墙等。

（二）公路路面

公路路面是一种运用各种材料及混合料，分层或多层铺筑在路基顶面以供车辆行驶的层状结构物，其直接受车辆荷载作用和自然因素影响。因此，路面必须要具有能够满足车辆在其表面可以安全、迅速、舒适行驶的强度、刚度、平整度、稳定性以及抗滑性。

（三）桥涵

桥涵是桥梁和涵洞的统称。

桥梁是在公路跨越河流、沟谷或其他线路时，为保证公路的连续性而设置的构造物。

涵洞是指在公路工程建设中，为了使公路顺利通过水渠不妨碍交通，设于路基下的排水孔道（过水通道），通过这种结构可以让水从公路的下面流过。涵洞主要由洞身、基础、端和翼墙等组成。涵洞根据连通器的原理，常用砖、石、混凝土和钢筋混凝土等材料筑成。其孔径一般较小，形状有管形、箱形及拱形等。

（四）隧道

交通隧道是由主体建筑物与附属建筑物两部分所组成的结构。隧道的主体建筑物由洞身衬砌和洞门建筑两部分所组成。隧道的附属建筑物是为了保持隧道稳定，保证行车安全运行而修的。隧道洞身衬砌的平、纵、横断面的形状由其几何设计而确定；衬砌断面的轴线形状和厚度由衬砌计算决定；洞门的构造形式由多方面因素决定，例如地形地貌、岩体稳定性、通风方式、照明状况及环境条件等。在洞门容易坍塌或在山体坡面有崩坍和落石地段，则应接长洞身（即早进洞或晚出洞），或加筑明洞洞口。

（五）交通服务设施

交通服务设施指的就是在公路沿线所设置的一些与交通安全、服务、环境保护以及养护管理等相关的设施，其目的是保证行车安全、舒适、迅速与美观。

二、公路的分级与标准

（一）公路分级

1. 技术分级

公路的技术等级是表示公路通行能力、技术水平和服务水平的指标。

（1）高速公路

高速公路是一种专门供汽车分向、分车道行驶并全部控制出入口的多车道公路，属于我国的公路网骨干线。在高速公路上一般设有中央分隔带，全部立体交叉，并附设完善的交通安全设施、管理设施以及服务设施。高速公路的设计年限通常为 20 年。

高速公路一般采用四、六、八车道，其中四车道高速公路应能适应将各种汽车折合成小客车的年平均日交通量 25000～55000 辆的需要，六车道为 45000～80000 辆，八车道为 60000～100000 辆。

（2）一级公路

一级公路是一种专门供汽车分向、分车道行驶，并可根据需要控制出入口的多车道公路，属于我国的公路网骨干线。但是当其作为集散公路时，纵横向干扰较大，因此为了保证汽车分道、分向行驶，可设慢车道供非汽车交通行驶；当其作为干线公路时，为保证运行速度、交通安全和服务水平，应根据需要采取控制出入口措施。一级公路的设计年限通常为 20 年。

一级公路一般采用四、六车道，四车道一级公路应能适应将各种汽车折合成小客车的年平均日交通量 15000～30000 辆的需要，六车道为 25000～55000 辆。

（3）二级公路

二级公路是一种专门供汽车行驶的双车道公路，属于我国公路网内基本线。为了保证汽车在行驶过程中的速度及交通安全，在混合交通量大的路段，可设置慢车道供非汽车交通行驶。二级公路的设计年限通常为 15 年。

双车道二级公路应能适应将各种汽车折合成小客车的年平均日交通量 5000～15000 辆的需要。

（4）三级公路

三级公路是双车道公路，属于我国公路网内基本线。同时，也可供拖拉机、畜力车、人力车等非汽车交通通行。其混合交通特征明显，设计速度可采用 40km/h 或 30km/h。三级公路的设计年限通常为 15 年。

双车道三级公路应能适应将各种车辆折合成小客车的年平均日交通量 2000～6000 辆的需要。

（5）四级公路

四级公路与三级公路相似，是双车道或单车道公路，属于我国公路网的支线。同时，也可供拖拉机、畜力车、人力车等非汽车交通通行。其混合交通特征明显，设计速度采用 20km/h。四级公路的设计年限通常为 10 年。

双车道四级公路应能适应将各种车辆折合成小客车的年平均日交通量2000辆以下的需要。单车道四级公路应能适应将各种车辆折合成小客车的年平均日交通量400辆以下的需要。

2. 行政分级

（1）公路网

公路网的组成有国道、省道、县乡道三级体系。1988年，我国公路系统实行“统一领导，分级管理”的原则，把公路分为国家干线公路（简称“国道”）、省干线公路（简称“省道”）、县公路（简称“县道”）、乡公路（简称“乡道”）和专用公路。

（2）国道

国道是指在国家干线网中，具有全国性的政治、经济、国防意义的主要干线公路，包括重要的国际公路、国防公路，连接首都与各省、自治区、直辖市首府的公路，连接各大经济中心、港站枢纽、商品生产基地和战略要地的公路。

（3）省道

省道是指在省（自治区、直辖市）公路网中，具有全省性的政治、经济、国防意义，并由省级公路主管部门负责修建、养护和管理的省级公路干线。

（4）县道

县道是指具有全县政治、经济意义，连接县城和县内主要乡（镇）、主要商品生产和集散地的公路，以及不属于国道、省道的县际公路。县道由县、市公路主管部门负责修建、养护和管理。

（5）乡道

乡道是指直接或主要为乡村经济、文化、生产、生活服务以及乡村与外部联系的公路。乡道由县统一规划，由县、乡组织修建、养护和使用。由于乡村道路主要为农业生产，一般不列入国家公路等级标准。

（6）专用公路

专用公路是指专供或主要供厂矿、林区、农场、油田、旅游区、军事基地等与外部联系的公路。专用公路由专用单位负责修建、养护和管理，也可委托当地公路部门修建、养护和管理。专用公路的技术要求，应按其专门制定的技术标准或参照公路工程技术标准执行。

（二）技术标准

采用技术标准时要防止两种错误倾向：一种是只顾降低工程造价，而一味采用低标准；另一种是只强求线形好，不顾工程造价而采用高标准。

同时也要避免两种错误观念：一种是只求合法、不求合理；另一种是只求合理、不求合法。

三、公路施工的基本程序

（一）基本建设及其内容构成

基本建设是指国民经济各部门为发展生产而进行的固定资产的扩大再生产，在西方国家，相当于国家投资。例如，为了促进社会经济发展新建工厂、学校、公路、桥梁、码头、矿井、电站、水坝、铁路等；为了扩大生产和提高效益而扩建生产车间、提高路面等级、修建永久性桥梁；为了提高生产效率，改进产品质量，对原有设备及工艺进行整体性技术改造；原有公路的全面改建等。这些都属于基本建设的范畴。由此可见，凡是固定资产扩大再生产的新建、改建、扩建、恢复工程的建筑、添置、安装等活动及其与之连带的工作都称为“基本建设”。

在我国，基本建设是发展国民经济，增强综合国力，迅速实现社会主义现代化，提高人民物质文化生活水平和加强国防实力的重要手段。因此，党和国家历来都十分重视基本建设事业，并制定、颁布了一系列政策、法规。基本建设工作应包括以下内容。

1. 建筑工程

建筑是指消耗建筑材料，使用工程机械，通过施工活动而建成的工程实体，如路基、路面、桥梁、隧道、厂房、水坝等构筑物。

2. 安装工程

安装是指基本建设项目需用的各种机械和设备安设、装配、调试等工作，如工业生产设备、公路及大型桥梁所需的各种机械、设备、仪器的安装及调试等。

3. 设备、工具及器具的购置

包括属于固定资产的机器、设备、工具等用品的购置，如机械厂的机床、发电站的电力设备、高速公路的监控设备、路面养护用的沥青混合料搅拌设备和摊铺机械等。

4. 勘察、设计及相关工作

主要指编制建筑工程施工依据的勘察设计文件所进行的工作，如公路工程的初步设计、施工图设计等，还有勘察、设计过程中必须进行的地质调查、钻探、材料试验和技术研究工作等。

5. 其他基本建设工作

其为确保基本建设工程顺利实施和正常运行而进行的基础工作，如土地征用、拆迁安置、人员培训等。

（二）基本建设项目划分

基本建设工程无论大小都有其自身的复杂性，要进行若干项技术的、经济的和物质形态的工作。为了加强对基本建设工作的管理，便于编制设计文件、概预算文件和施工组织设计文件，便于工程招投标工作和施工管理，必须对基本建设项目进行科学分解和合理划分。基本建设工程可以划分为建设项目、工程项目、单位工程、分部工程和分项工程。

1. 建设项目

建设项目也可称为“基本建设项目”，指的是经过批准后，在一个设计任务书范围内，按照同一总体设计进行建设的全部工程。建设项目是由一个或者多个单项工作所组成的，在经济上实行统一核算，行政上也实行统一管理，通常是以一家企业（或联合企业）、事业单位或独立工程作为一个建设项目。公路工程一般是以单独设计的公路路线、独立桥梁作为基本建设项目。

2. 工程项目

工程项目也称“单项工程”，是指建设项目中具有独立的设计文件，建成后可独立发挥生产能力或使用效益的工程，如工业建筑中的生产车间、办公楼、仓库；民用建筑中的教学楼、图书馆、实验室、住宅；公路工程中独立合同段的路线、大桥、隧道等。

3. 单位工程

单位工程是单项工程的组成部分，是指在单项工程中具有单独设计文件和独立施工条件，而又单独作为一个施工对象的工程，如生产车间的厂房修建、设备安装；公路工程中同合同段内的路基、路面、桥梁、互通式立交、交通安全设施等。由此可见，单位工程一般不能独立发挥生产能力和使用效益。

4. 分部工程

分部工程是按工程结构、构造或施工方法不同所作的分类，它是单位工程的组成部分。如房屋的基础、地面、墙体、门窗，公路路基的土石方、排水、涵洞、大型挡土墙，桥梁的上、下部构造、引道等。

5. 分项工程

分项工程是指通过较为简单的施工过程就能生产出来，并且可以用适当计量单位计算的“假定”的建筑或安装产品。如 $1m^3$ 块石基础、$100m^2$ 水泥混凝土路面，一台某型号龙门吊的安装等。必须指出，分项工程只是建筑或安装工程的一种基本构成因素，是为了确定施工资源消耗和计算工程费用而划分的一种假定产品，以便作为分部工程的组成部分。因此，分项工程的独立存在是没有意义的，它不像上述项目那样是完整产品。

（三）公路基本建设程序

公路基本建设程序是指公路基本建设项目从规划立项到竣工验收的整个建设过程中各项工作的先后顺序。这个顺序是由固定资产的建设过程，即基本建设发展进程的客观规律所决定的。科学的基本建设程序能正确处理基本建设工作中制定建设规划、确定建设项目、勘察设计、组织施工、竣工验收等各阶段与各环节之间的关系，指导基本建设工作有计划、按步骤地进行。公路基本建设涉及面广，既受地质、气候、水文等自然条件的制约，又受物资供应、技术水平等物质技术条件影响，同时还需要建设单位与设计、施工、监理、质量监督等单位和部门的协作配合。因此，公路基本建设项目必须严格按照规定程序实施，依次进行各个方面工作，才能达到预期效果，否则将可能给国家造成严重经济损失或给工程带来无法弥补的缺陷。

1. 公路基本建设程序的流程

所有大中型公路基本建设项目，都要严格按照公路基本建设程序运行，对于某些特殊的小型项目，经建设行政主管部门批准后，可以根据实际情况适当简化建设程序。

2. 公路基本建设程序各阶段内容

为加强公路基本建设项目管理，公路建设还应当按照国家和交通运输部的有关规定实行项目法人制度、招标投标制度、工程监理制度和合同管理制度（通常称为“四项制度”）。现将公路基本建设程序各阶段的主要内容分别叙述如下。

（1）项目建议书阶段

项目建议书是建设单位（业主）向国家提出的要求建设某一项目的建议文件，是对建设项目的轮廓构想，这种构想可来自中央政府、部委和地方政府的发展规划与计划安排，或来自市场调查研究，或来自某种资源发现。项目建议书应对拟建项目的社会需求进行分析研究，明确为满足此需求所要达到的建设目标，包括经济目标、社会目标和环境目标，并考虑可能承担的风险。

（2）可行性研究阶段

项目建议书批准后，由政府交通主管部门组织项目的可行性研究。可行性研究是对拟建项目在技术上和经济上是否可行而进行的科学分析和论证工作，为项目决策（即该项目是继续实施还是放弃）提供依据。可行性研究的主要任务是通过多方案比较，提出评价意见，推荐最佳方案。

按可行性研究的工作深度，其划分为预可行性研究和工程可行性研究两个阶段。预可行性研究应重点阐明建设项目的必要性，通过踏勘和调查研究，提出建设项目的规模、技术标准，进行简要经济效益分析。工程可行性研究应通过必要的测量（高速公路、一级公路必须做）、地质勘探（大桥、隧道及不良地质地段等），在认真调查研究、占有必要资料的基础上，对不同建设方案从技术上和经济上进行综合论证，提出推荐方案。

可行性研究报告经审查批准后，项目才能正式立项。大中型项目和限额以上项目的可行性研究报告经批准后，可根据实际需要组成筹建机构，即组建项目法人。一般改建、扩建项目不单独设置机构，仍由原单位负责筹建。

（3）设计任务书阶段

设计任务书是项目确定建设方案的决策性文件，是编制设计文件的主要依据。设计任务书可由建设单位自行提出，也可由工程咨询公司代为拟定，或由建设单位与设计单位协商确定。

（4）勘察设计阶段

不论按几个阶段设计，其中的施工图设计文件均由以下组成，即总说明书；总体设计；路线；路基、路面及排水；桥梁、涵洞；隧道；路线交叉；交通工程及沿线设施；环境保护；渡口码头及其他工程；筑路材料；施工组织计划；施工图预算；附件。

（5）建设准备阶段

项目在开工建设之前，要做好以下前期准备工作。

①预备项目

初步设计已经批准的项目可列为预备项目。国家的预备项目计划，是对列入部门、地方编报的年度建设预备项目计划中的大中型项目和限额以上项目，经过对建设总规模、生产力布局、资源优化配置及外部协作条件等方面进行综合平衡后安排和下达的。

②建设准备的内容

建设准备的主要工作内容主要分为以下五个部分。

a. 征地、拆迁和安置。

b. 完成施工用水、电、路工程。

c. 设备、材料订货。

d. 准备施工图纸。

e. 监理、施工招标投标。

③申报项目施工许可

工程完成了规定的建设准备，并具备了开工条件以后，应申报项目施工许可。年度大中型项目和限额以上项目须经国务院批准，由国家发展和改革委员会下达项目计划；其他项目可由部委和地方政府批准。

（6）建设施工阶段

建设项目开工报告一经批准，项目便进入了建设施工阶段。本阶段是项目决策的实施、建成投入使用、发挥效益的关键，因此，建设单位、施工企业、监理单位都应认真做好各自工作。

公路项目开工建设的时间以开始进行土石方施工的日期作为正式开工日期。分期建设的项目，分别按各期工程开工的日期计算。施工活动应严格按照设计要求、技术规程、合同条款、预算投资、施工程序和顺序、施工组织设计，在保证质量、工期、成本等计划目标的前提下进行，达到竣工标准要求，经验收后移交使用。

（7）竣（交）工验收交付使用阶段

竣（交）工验收是建设全过程的最后一道程序，是投资成果转入使用的标志，是建设单位、设计单位和施工单位向国家汇报建设项目的生产能力或效益、质量、造价等全面情况及交付新增固定资产的过程。验收工作在建设项目按施工合同文件的规定内容全部完成后进行。

公路项目验收分为单项工程交工验收和整体项目竣工验收两个阶段。竣工验收由建设主管部门主持，依据国家有关规定组成验收委员会，按照相关要求组织验收。在工程验收前，建设单位要做好以下准备工作：组织设计、施工等单位进行工程初验，并向主管部门提出验收报告；整理技术资料，包括各种文件；绘制竣工图，必须准确、完整、符合档案管理要求；编制竣工决算报告。验收合格的工程，应移交使用，并按有关规定办理交接手续。

（8）项目后评价阶段

项目后评价应经过建设单位自评和投资方评价两个阶段，包括以下内容。

①评估项目的实际成效。

②确定项目是否达到了预期目标和设计要求。

③检查设计、施工各个环节的实际质量，重新计算实际财务效益和国民经济效益。

项目后评价可以肯定成绩、总结经验、探讨问题、吸取教训，并提出建议，作为今后改进投资规划、评估和管理工作的参考。

第二节　桥梁施工基础

一、桥梁认知

（一）桥梁发展简介

1. 桥梁的作用与地位

桥梁不仅是一个国家文化的象征，更是生产发展和科学进步的反映。改革开放以来，我国公路建设进入了以高速公路为标志的快速发展阶段。随着国家实施积极的财政政策，公路投资力度不断加大，公路建设更是以前所未有的速度向前发展，这对改善人民的生活环境、改善投资环境、促进经济发展起到了关键性的作用。

在公路、铁路、城市和农村道路以及水利建设中，为了跨越各种障碍（如河流、沟谷或其他道路等），必须修建各种类型的桥梁与涵洞，因此桥涵是交通线中的重要组成部分。随着科技的进步、工业水平的提高、社会生产力的高速发展，人们对桥梁建筑提出了更高的要求。就其数量来说，即使地形不复杂的地段，每千米路线上一般也有 2 或 3 座桥涵。就其造价来说，桥梁一般要占公路全部造价的 10% ~20%，是保证全线通车的咽喉。同时，桥涵施工也比较复杂。因此，正确、合理地进行桥涵设计和施工，对于节约材料、加快施工进度、降低工程费用、保证工程质量和公路的正常运营，都有着极其重要的意义。

2. 桥梁发展动态

（1）三次飞跃

桥梁发展大致经历了以下三次重要时期。

①19 世纪中叶钢材出现，随后又出现了高强度钢材，使桥梁工程的发展获得了第一次飞跃，跨度不断加大。

②20 世纪初，钢筋混凝土的应用，以及 30 年代兴起的预应力混凝土技术，使桥梁建设获得了廉价、耐久且刚度和承载力均很大的建筑材料，从而推动桥梁的发展产生第二次飞跃。

③20 世纪 50 年代以后，随着计算机技术和有限元技术的发展，使人们能够方便地完成过去不可能完成的大规模结构计算，这使桥梁工程的发展获得了第三次飞跃。

（2）发展方向

纵观大跨度桥梁的发展趋势，可以预见世界桥梁建设必将迎来更大规模的建设高潮，同时对桥梁技术的发展方向提出了新的要求。

①大跨度桥梁向更长、更大、更柔的方向发展

研究大跨度桥梁在气动、地震和行车动力作用下结构的安全性和稳定性，将截面做成适应气动要求的各种流线型加劲梁，增大特大跨度桥梁的刚度；采用以斜缆为主的空间网状承重体系；采用悬索加斜拉的混合体系；采用轻型而刚度大的复合材料做加劲梁，采用自重轻、强度高的碳纤维做主缆。

②新材料的开发和应用

新材料应具有高强度、高弹模、密度小的特点，用以取代目前桥梁用的钢材和混凝土。

③计算机的应用

在设计阶段采用高度发展的计算机辅助手段，进行有效的快速优化和仿真分析，运用智能化制造系统在工厂生产部件，利用 GPS 和遥控技术控制桥梁施工。

④大型深水基础工程

目前世界桥梁基础尚无超过 100 m 深海基础工程，下一步需进行 100～300 m 深海基础的实践。

⑤桥梁建成交付使用后，将通过自动监测和管理系统保证桥梁的安全和正常运行，一旦发生故障或损伤，将自动报告损伤部位和养护对策。

⑥对桥梁造型的艺术要求越来越高，重视桥梁美学和环境保护，达到人文景观同环境景观的完美结合。

在 20 世纪桥梁工程大发展的基础上，描绘 21 世纪的宏伟蓝图，桥梁建设技术将有更大、更新的发展。

（二）桥梁基本构造

1. 桥梁的组成

桥梁由上部结构、下部结构、支座和附属设施四个基本部分组成。

一般桥梁工程的主要名词解释如下。

（1）上部结构

上部结构，又称“桥跨结构”，是路线遇到障碍（如河流、山谷等）而中断时跨越障碍的主要承重结构。它的作用是承受车辆荷载，并通过支座传给墩台。

（2）下部结构

下部结构包括桥墩、桥台和基础，是支承桥跨结构并将恒载和车辆等活载传至地基的建筑物。通常设置在桥梁两端的称为“桥台”，它除了上述作用外，还与路堤相衔接，以抵御路堤土压力，防止路堤填土的滑坡和坍落。桥墩则在两桥台之间，其作用是支承桥跨结构。桥墩和桥台中使全部荷载传至地基的底部奠基部分，通常称为“基础”，它是确保桥梁能安全使用的关键。由于基础往往深埋于土层之中，并且需在水下施工，也是桥梁建筑中施工比较困难的一部分。

（3）支座

支座是一座桥梁在桥跨结构与桥墩或桥台的支承处所设置的传力装置，其作用是传递上部结构的支承反力，包括恒载和活载引起的竖向力和水平力；保证结构在活载、温度变化、混凝土收缩徐变等因素作用下的自由变形。支座按约束方向可以分为固定支座和活动支座；按材料分为简易支座、板式橡胶支座和盆式橡胶支座。

（4）桥梁的基本附属设施

桥梁的基本附属设施包括桥面系、伸缩缝、桥台与路堤衔接处的桥头搭板和在桥台两侧设置石砌的锥形护坡。其中桥面系主要包括桥面铺装和防排水设施。

桥面铺装可分为沥青混凝土桥面铺装和水泥混凝土桥面铺装。混凝土桥面铺装层直接承受车辆轮压的作用，既是保护层，又是受力层，因此必须有足够的强度和良好的整体性以及抗冲击与耐疲劳的特性，同时还应具有防水性及对温度的适应性。

伸缩缝是桥梁结构的重要组成部分。为适应材料胀缩变形对结构的影响，而在桥梁结构的两端设置的间隙称为“伸缩缝”。为了使车辆平稳通过桥面并满足桥面变形的需要，在桥面伸缩接缝处设置的各种装置统称为“伸缩装置”。伸缩装置能满足梁体的自由伸缩，并要求具有较好的耐久性、行驶的舒适性、良好的防水性及施工的方便性，且维修简便、价格合理。在桥梁结构中，伸缩装置要适应温度的变化、混凝土的徐变及收缩、梁端的旋转、梁的挠度等因素引起的伸缩变化等。我国桥梁工程上使用的伸缩缝种类繁多，按其受力方式及构造特点，可以分为对接式、钢制支承式、橡胶组合剪切式、模数支承式、无缝式五大类。

2. 桥梁的主要尺寸和术语名称

（1）水位

河流中的水位是变动的，在枯水季节的最低水位称为“低水位”；洪峰季节河流中的最高水位称为“高水位”。桥梁设计中按规定的设计洪水频率计算所得的高水位（很多情况下是推算水位），称为“设计洪水位”。

（2）净跨径

对于梁式桥，是指设计洪水位上相邻两个桥墩（或桥台）之间的净距；对于拱式桥，是指每孔拱跨两个拱脚截面最低点之间的水平距离。

（3）计算跨径

对于具有支座的桥梁，是指桥跨结构相邻两个支座中心之间的距离。

（4）标准跨径

对于梁式桥和板式桥，是指两相邻桥墩中心线间或桥墩中心线与台背前缘间的距离；对于拱式桥和涵洞，则指净跨径。

（5）总跨径

总跨径是多孔桥梁中各孔净跨径的总和，也称“桥梁孔径”，它反映了桥下宣泄洪水的能力。

（6）桥梁全长

桥梁全长简称“桥长”，是桥梁两端两个桥台的侧墙或耳墙后端点之间的距离。对于无桥台的桥梁，为桥面系行车道的全长。在一条线路中，桥梁和涵洞总长的比重反映它们在整段线路建设中的重要程度。

（7）桥梁高度

桥梁高度简称“桥高”，是指桥面与低水位之间的高差，或为桥面与桥下线路路面之间的距离。桥高在某种程度上反映了桥梁施工的难易度。

（8）桥下净空

桥下净空是为满足通航（或被跨道路路面和铁轨轨面）的需要和保证桥梁安全而规定的通航水位至桥跨结构最下缘之间的距离。

（9）桥梁建筑高度

桥梁建筑高度是上部结构底缘至桥面顶面的垂直距离。铁路跨线桥一般需 9.5 m，对通航河流还必须同时满足泄洪要求。

3. 桥梁的分类

（1）桥梁按受力体系分类

按照桥梁受力体系分类，桥梁有梁式桥、拱式桥、刚架桥、斜拉桥和悬索桥五种基本体系，其中梁式桥以受弯为主，拱式桥以受压为主，斜拉桥和悬索桥以受拉为主。下面分别阐述各种桥梁体系的主要特点。

①梁式桥

梁式桥是一种在竖向荷载作用下无水平反力的结构，梁作为承重结构是以它的抗弯能力来承受荷载的。梁分简支梁、悬臂梁、固端梁和连续梁等。对于大跨径的特大桥可采用预应力混凝土变截面梁桥钢桥和钢筋混凝土叠合梁桥。由于外力（永久作用力和可变作用力）的作用方向与承重结构的轴线接近垂直，因而与同样跨径的其他结构体系相比，桥梁内产生的弯矩最大，通常需用抗弯、抗拉能力强的材料来建造。

②拱式桥

拱式桥的主要承重结构是拱圈（或拱肋），在竖向荷载作用下，拱圈既要承受压力，但也承受弯矩，桥墩和桥台将承受水平推力。同时，根据作用力和反作用力的原理，墩台向拱圈（或拱肋）提供一对水平反作用力，这种水平反作用力将大大抵消在拱圈（或拱肋）内由荷载所引起的弯矩。

③刚架桥

刚架桥的主要承重结构是梁（或板）与立柱（或竖墙）整体结合在一起的刚架结构，梁和柱的连接处具有很大的刚性，以承担负弯矩的作用。

刚架桥是介于梁与拱之间的一种结构体系，它是由受弯的上部梁（或板）结构与承压的下部桩柱（或墩）整体结合在一起的结构。由于梁与柱的刚性连接，梁因柱的抗弯刚度而产生卸载作用，整个体系是压弯结构，也是推力结构。刚架分直腿刚架与斜腿刚架。

刚架的桥下净空比拱桥大，在同样净空要求下可修建较小的跨径。

④斜拉桥

斜拉桥由桥塔、主梁和斜拉索组成。桥塔主要受压，悬挂在塔柱上的受拉张紧的斜缆将主梁吊住，使主梁像多点弹性支承的连续梁一样工作，这样既发挥了高强材料的作用，又显著减少了主梁截面，使结构减轻而增大跨径。

常用的斜拉桥是三跨双塔式结构，但独塔双跨式也常见，具体形式及布置的选择应根据河流、地形、通航、美观等要求加以论证确定。

⑤悬索桥

传统的悬索桥均用悬挂在两边塔架上的强大缆索作为主要承重结构。在竖向荷载作用下，桥塔受压，通过吊杆使缆索承受很大的拉力，而主梁也是弹性支承连续梁。吊桥的承载系统包括缆索、塔柱和锚碇三部分，因此结构自重较轻，能够跨越任何其他桥型无与伦比的特大跨度。吊桥的另一特点是受力简单明了，成卷的钢缆易于运输，在将钢缆架设完成后，便形成了一个强大稳定的结构支承系统，施工过程中的风险相对较小。

（2）桥梁的其他分类简介

除上述按受力特点分成不同的结构体系外，人们习惯按桥梁的用途、规模大小和建桥材料等其他方面将桥梁分类。

①桥梁按用途分类

桥梁按照用途分为公路桥、铁路桥、公路铁路两用桥、农桥、人行桥、运水桥（渡槽），及其他专用桥梁（如通过管路、电缆等）。

②按桥梁多孔跨径总长和单孔跨径不同分类

桥梁按桥梁多孔跨径总长和单孔跨径不同，分为特大桥、大桥、中桥、小桥和涵洞。

（3）桥梁按照上部结构建筑材料分类

桥梁按上部结构所用的材料划分为钢筋混凝土桥、预应力混凝土桥、圬工桥（包括砖、石、混凝土桥）、钢桥和木桥等。

（4）桥梁按跨越障碍的性质分类

桥梁按跨越障碍的性质划分为跨河桥、跨线桥（立交桥）、高架桥和栈桥。

（5）桥梁按上部结构的行车道位置分类

桥梁按上部结构的行车道位置划分为上承式桥、下承式桥和中承式桥。桥面布置在主要承重结构之上者称为“上承式桥”；桥面布置在主要承重结构之下者为“下承式桥”；桥面布置在主要承重结构中间者为“中承式桥”。

（6）桥梁按特殊使用条件分类

桥梁按特殊使用条件分为开启桥、浮桥、漫水桥等。

二、桥梁施工准备

（一）桥梁建设程序

在学习桥梁施工准备前，我们有必要先了解一下桥梁建设程序。桥梁建设属于基本建设项目。

1. 基本建设主要内容

（1）建筑安装工程。包括各种土木建筑、矿井开凿、水利工程建筑、生产、动力、运输、实验等各种需要安装的机械设备装配，以及与设备相连的工作台等装设工程。

（2）设备购置。即购置设备、工具和器具等。

（3）勘察、设计、科学研究实验、征地、拆迁、试运转、生产职工培训和建设单位管理工作等。

2. 基本建设分类

（1）按建设的性质分类

按建设的性质分为新建项目、扩建项目、改建项目、迁建项目和恢复项目。

①新建项目：是从无到有、平地起家的建设项目。

②扩建和改建项目：是在原有企业、事业、行政单位的基础上，扩大产品的生产能力或增加新的产品生产能力，以及对原有设备和工程进行全面技术改造的项目。

③迁建项目：是原有企业、事业单位，由于各种原因，经有关部门批准搬迁到另地建设的项目。

④恢复项目：是指对由于自然、战争或其他人为灾害等原因而遭到毁坏的固定资产进行重建的项目。

（2）按建设的经济用途分类

按建设的经济用途分为生产性基本建设和非生产性基本建设。

①生产性基本建设是用于物质生产和直接为物质生产服务的项目建设，包括工业建设、建筑业和地质资源勘探事业建设和农林水利建设等。

②非生产性基本建设是用于人民物质和文化生活项目的建设，包括住宅、学校、医院、托儿所、影剧院，以及国家行政机关和金融保险业的建设等。

（3）其他分类方法

按投资额构成分为建筑安装工程投资、设备工具投资和其他基本建设投资。

按建设用途分为生产性建设项目，如工业建设、水利建设、运输建设等；以及非生产性建设项目，如住宅建设、卫生建设、公用事业建设等。

按建设规模及总投资的大小可分为大型、中型、小型建设项目。

按建设阶段分为预备项目、筹建项目、施工项目、建成投资项目、收尾项目。

3. 基本建设程序

基本建设程序，是指基本建设全过程中各项工作必须遵循的先后顺序，它是指基本建设全过程中各环节、各步骤之间客观存在的不可破坏的先后顺序，是由基本建设项目本身的特点和客观规律决定的。进行基本建设，坚持按科学的基本建设程序办事，就是要求基本建设工作必须按照符合客观规律要求的一定顺序进行，正确处理基本建设工作中从制定建设规划、确定建设项目、勘察、定点、设计、建筑、安装、试车，直到竣工验收交付使用等各个阶段、各个环节之间的关系，达到提高投资效益的目的，这是关系基本建设工作全局的一个重要问题，也是按照自然规律和经济规律管理基本建设的一个根本原则。

基本建设程序主要包括以下步骤。

（1）编报项目建议书

项目法人按国民经济和社会发展长远规划、行业规划和建设单位所在的城镇规划要求，根据本单位的发展需要，经过调查、预测、分析，编报项目建议书。

（2）可行性研究报告

在项目建议书获批后，项目法人委托有相应资质的设计、咨询单位，对拟建项目在技术、工程、经济和外部协作条件等方面的可行性进行全面分析、论证，推荐最佳方案。可行性研究报告是项目决策的依据，应按国家规定达到一定的深度和准确性，其投资估算和初步设计概算的出入不得大于10%，否则将对项目进行重新决策。

（3）初步设计

在可行性研究报告获批后，项目法人委托有相应资质的设计单位，按照批准的可行性研究报告要求，编制初步设计。在初步设计获批后，设计概算即为工程投资的最高限额，未经批准，不得随意突破。确因不可抗拒因素造成投资突破设计概算时，须上报原批准部门审批。

（4）施工图设计

在初步设计获得批准后，项目法人委托有相应资质的设计单位，按照批准的初步设计，组织施工图设计。

（5）年度投资计划

在项目建议书、可行性研究报告、初步设计获批后向主管部门申请列入投资计划。

（6）进行建设准备

包括征地拆迁，搞好“四通一平”，落实施工力量，组织物资订货和供应，以及其他各项准备工作。

（7）组织施工

准备工作就绪后，向主管部门和有关单位提出开工报告，经过批准，即开工兴建。遵循施工程序，按照设计要求和施工技术验收规范，进行施工。

（8）竣工验收

根据国家有关规定，建设项目按批准的内容完成后，应按照规定的标准和程序，对工程进行验收（竣工验收），编制竣工验收报告和竣工决算，并办理固定资产交付生产使用的手续。对于小型建设项目，建设程序可以简化。

（9）项目后评价

项目完工后对整个项目的造价、工期、质量、安全等指标进行分析评价或与类似项目进行对比。

（二）桥梁施工准备

1. 桥梁施工技术准备

任何工程的技术准备都是施工准备的核心。由于任何技术上的差错及其造成的隐患，都可能造成质量与安全事故，带来生命、财产和经济的巨大损失，因此必须认真做好技术准备工作。

（1）熟悉设计文件、研究和审查设计图纸

为了让从事桥梁施工的工程技术人员及现场管理人员，在拟建工程开工之前充分地了解和熟悉设计意图，能够按照设计要求顺利地施工，建设出符合设计要求的桥梁工程，施工单位在收到拟建工程的设计图纸和有关技术文件后，应尽快组织工程技术人员熟悉、研究所有技术文件和图纸及相关资料。通过了解、熟悉、研究设计文件，全面透彻地领会设计意图。明确工程建设期限以及整个工程所用的主要材料与设备的数量、规格及来源。检查各种图纸与设计文件是否齐全、清晰、准确，各组成部分之间有无矛盾和错误，以及在几何尺寸、坐标、标高、说明等方面是否一致，技术要求是否准确。

（2）原始资料的进一步调查分析

对拟建工程进行实地勘察，进一步获得有关原始数据的第一手资料，这对于正确选择施工方案、制定技术措施、合理安排施工顺序和施工进度计划是非常必要的。

①自然条件的调查

a. 地质方面

在地质方面，应了解的主要内容有地质构造、墩台位处的基岩埋深、岩层状态、岩石性质、覆盖层土质、土的性质和类别、地基土的承载力、土的冻结深度、妨碍基础施工的障碍物、可能的地震级别和烈度等。

b. 水文方面

在水文方面，应了解的主要内容有：河流流量和水质、年水位变化情况、最高洪水位和最低枯水位的时期及持续时间、流速和漂浮物、地下水位的高低变化、含水层的厚度和流向；冰冻地区的河流封冻时间、融冰时间、流冰水位、冰块大小；受潮汐影响河流或水域中潮水的涨落时间、潮水位的变化规律和潮流等情况。

c. 气象方面

在气象方面，进一步调查的内容一般包括：气温、气候、降雨、降雪、冰冻、台风（含龙卷风、雷雨大风等突发性灾害）、风向、风速等变化规律及历年记录；冬、雨季的期限及冬季地层冻结厚度等情况。

d. 施工现场的地形地物

施工现场的地形地物主要包括建设场地的地形地貌，邻近的房屋、桥梁、道路、输变电线路、通信线路，施工现场的地上与地下障碍物状况等，为编制“四通一平”计划及进行施工现场平面布置提供依据。

②技术经济条件的调查

技术经济条件主要内容包括地方建筑施工企业的状况、施工现场的征地拆迁状况、当地可利用的地方材料状况、地方能源和交通运输状况、地方劳动力和技术水平状况、当地生活供应和医疗卫生状况、当地消防和治安状况、参加施工单位的技术力量状况等。

（3）制订施工方案、进行施工设计

在全面熟悉设计文件和设计图纸后，正确理解设计意图和技术要求，以及进行以施工为目的的各项调查之后，应根据进一步掌握的各种情况和资料，对投标时初步拟订的施工方法和技术措施等进行重新评价和深入研究，以制订出详尽的更符合现场实际情况的施工方案。

施工方案一经确定，即可进行各项临时性结构的施工设计，诸如基坑围堰，浮运沉井和钢围堰的制造场地及下水、浮运、就位、下沉等设施，钻孔桩水上工作平台，连续梁桥顶推施工的台座和预制场地，悬浇桥梁的挂篮，导梁或架桥机，模板支架及脚手架，自制起重吊装设备，施工便桥、便道及装卸码头的设计。施工设计应在保证安全的前提下，尽量考虑使用现有材料和设备，因地制宜，使设计出的临时结构经济适用、装拆简便、功能性强。

（4）编制施工组织设计

中标后的施工组织设计是施工准备工作的重要组成部分，也是指导工程施工全部生产活动的技术经济文件。编制施工组织设计的目的在于全面、合理、有计划地组织施工，从而具体实现设计意图，优质、高效地完成施工任务。

（5）编制施工预算

施工预算是根据施工图纸、施工组织设计或施工方案、施工定额等文件进行编制的。施工预算是施工企业内部控制各项成本支出、考核用工、签发施工任务单、限额领料以及基层进行经济核算的依据，也是制订分包合同时确定分包价格的依据。

2. 桥梁施工现场准备

施工现场的准备工作，主要是为工程的施工创造有利的施工条件，提供必备的物资保证，其具体内容如下。

（1）施工控制网测量

按照勘测设计单位提供的桥位总平面图和测图控制网中所设置的基线桩、水准标高以及重要标志和保护桩等资料，进行三角控制网的复测，并根据桥梁结构的精度要求和施工方案补充加密施工所需要的各种标桩，建立满足施工要求的平面和立面施工测量控制网。

（2）补充钻探

桥梁工程在初步设计时所依据的地质钻探资料，往往因钻孔较少、孔距过大而不能满足施工的要求，因此必须对有些地质情况不明了的墩位进行补充钻探，以查明墩位处的地质情况和可能的隐蔽物，为基础工程的施工创造有利条件。

（3）搞好“四通一平”

“四通一平”是指水通、电通、路通、通信通和场地平整。为了蒸汽养护的需要以及应对寒冷冰冻地区的特殊性，还要考虑暖气供热的要求。

（4）建造临时设施

按照施工总平面图的布置，建造所有生产、办公、生活、居住和贮存等临时用房，以及临时便道、码头、混凝土拌和站、构件预制场地等。

（5）安装调试施工机具

对所有施工机具都必须在开工之前进行检查和试运转。

（6）材料的试验和贮存堆放

按照材料的需要量计划，应及时提供材料的试验申请计划，包括混凝土和砂浆的配合比和强度、钢材的机械性能等试验，并组织材料进场，按规定的地点和指定的方式进行贮存堆放。

（7）新技术项目的试制和试验

按照设计文件和施工组织设计的要求，认真组织新技术项目的试验研究。

（8）冬、雨季施工安排

按照施工组织设计要求，落实冬、雨季施工的临时设施和技术措施，做好施工安排。

（9）消防、保安措施

建立消防、保安等组织机构和有关的规章制度，布置安排好消防、保安等措施。

（10）建立健全施工现场各项管理制度

根据工程特点，制定施工现场必要的各项规章制度。

3. 桥梁施工劳动组织准备

（1）建立组织机构

建立组织机构应遵循的原则是：根据工程项目的规模、结构特点和复杂程度，系统进行各职能部门的设置，坚持合理分工与密切协作相结合，使之便于指挥和管理，分工明确，责权具体，权责一致。人员的配备应力求精干，以适应任务的需要。

（2）合理设置施工班组

施工班组的设置应认真考虑专业和工种之间的合理配置，技工和普工的比例要满足合理的劳动组织，并符合流水作业方式的要求，同时制订出该工程的劳动力需要量计划。

（3）组织劳动力进场

集结施工力量，组织劳动力进场。进场后应对工人进行技术、安全操作规程，以及消防、文明施工等方面的培训教育，并安排好职工的生活。

（4）施工组织设计、施工计划和施工技术交底

施工技术交底应在单位工程或分部分项工程开工之前，按照管理系统逐级进行，由上而下直到工人班组，其方式有书面形式、口头形式和现场示范形式等。施工组织设计、施工计划和施工技术交底的目的，是把拟建工程的设计内容、施工计划和施工技术等要求，详尽地向施工班组和工人讲解，交代清楚。以保证工程能严格按照设计图纸、施工工艺、安全技术措施、降低成本措施和施工验收规范的要求进行施工；新技术、新材料、新结构和新工艺的实施方案和保证措施得以落实；有关部位的设计变更和技术措施等事项得以贯彻执行。

（5）建立健全各项管理制度

为了各项施工活动的顺利进行，必须建立健全工地的各项管理制度。这些制度通常包括以下内容：技术质量责任制度、工程技术档案管理制度、施工图纸学习与会审制度、技术交底制度、技术部门及各级人员的岗位责任制度、工程材料和构件的检查验收制度、工程质量检查与验收制度、材料出入库制度、安全操作制度、机具使用保养制度等。

4. 桥梁施工物资准备

材料、机具和设备是保证施工顺利进行的物质基础，这些物资的准备工作必须在工程开工之前完成。根据各种物资的需要量计划，分别落实货源、安排运输和储备，使其满足连续施工的要求。物资准备工作主要包括工程材料（钢材、木材、水泥、砂石等）的准备、工程施工设备的准备、构件的加工准备，以及其他各种小型生产工具、小型配件等的准备，其详细流程如下：

（1）根据施工预算、分部（项）工程施工方法和施工进度的安排，拟订材料、施工机具等物资的需要量计划。

（2）根据各种物资需要量计划，组织货源，确定加工、供应地点和供应方式，签订物资供应合同。

（3）根据各种物资的需要量计划和合同，拟订运输计划和运输方案。

（4）按照拟订的运输计划和运输方案及施工总平面图的要求，组织物资按计划时间进场，并在指定地点、按规定方式进行贮存或堆放。

5. 桥梁施工其他准备

（1）做好分包工作和签订分包合同

由于施工单位本身的力量有限，有些专业工程的施工、安装和运输等均需要委托外单位完成，因此应依据招标文件、投标文件，根据工程量、完成日期、工程质量和工程造价等内容，选择合适的分包单位，并与其签订分包合同，保证分项工程的按时实施。

（2）向监理单位提交开工申请报告

施工单位在做好上述准备工作后，应该及时地填写开工申请报告，并上报业主单位或监理单位批准。

第二章 路基施工技术

第一节　土质路基施工技术

一、土质路基填筑

（一）施工取土

各类公路用土具有不同的工程性质，在选择作为路基的填筑材料时，应根据不同的土类分别采取不同的工程技术措施。

1. 路基土的工程性质

（1）不易风化的石块

主要包括漂石和卵石，有很高的强度和稳定性，使用场合和施工季节均不受限制，为最好的填筑路基材料，也可用于砌筑边坡。但石块之间要嵌锁密实，以免在自重和行车荷载作用下，石块松动产生沉陷变形。

（2）碎（砾）石土

碎（砾）石土强度能满足要求，内摩擦系数高，水稳定性好，透水性大，施工压实方便，能达到较好的密实程度，为很好的填筑材料。但若细粒含量增多，则透水性和水稳定性就会下降。

（3）砂土

砂土无塑性，透水性和水稳定性均良好，毛细管水上升高度很小，具有较大的内摩擦系数。但砂土黏结性小，易于松散，对流水冲刷和风蚀的抵抗能力很弱，压实困难。

（4）砂性土

砂性土既含有一定数量的粗颗粒，又含有一定数量的细颗粒，级配适宜，强度、稳定性等都能满足要求，是理想的路基填筑材料。

（5）黏性土

黏性土细颗粒含量多，内摩擦系数小而黏聚力大，透水性小而吸水能力强，毛细现象显著，有较大的可塑性，干燥时坚硬而不易挖掘，施工时不易破碎，浸水后强度下降较多，干湿循环因胀缩引起的体积变化较大，过干或过湿时都不便施工。

（6）粉性土

粉性土因含有较多的粉粒，毛细现象严重，干时易被风蚀，浸水后很快湿透，在季节性冰冻地区常引起冻胀和翻浆，水饱和时有振动液化问题。粉性土特别是粉土，属于不良的公路路基用土。

（7）膨胀性重黏土

膨胀性重黏土几乎不透水，黏结力特强，湿时膨胀性和塑性都很大。其工程性质受黏土矿物成分影响较大，黏土矿物主要包括蒙脱土、伊里土、高岭土。蒙脱土塑性大，吸湿后膨胀强烈，干燥时收缩大，透水性极低，压缩性大，抗剪强度低；高岭土塑性较低，有较高的抗剪强度和透水性，吸水和膨胀量较小；伊里土性质介于上述两者之间。

（8）易风化的软质岩石（如泥灰岩、硅藻岩等）

易风化的软质岩石浸水后易崩解，强度显著降低，变形量大，一般不宜作路堤填筑材料。

总之，路基用土中，砂性土最优，黏性土次之，粉性土属不良材料，容易引起路基病害，膨胀性重黏土，特别是蒙脱土更是不良的路基土。

2. 规范中对路基用土的规定

（1）路堤填料不得使用淤泥、沼泽土、冻土、有机土、含草皮土、生活垃圾、树根和含有腐朽物质的土。采用盐渍土、黄土、膨胀土填筑路堤时，应遵照有关规定执行。

（2）液限大于50%、塑性指数大于26以及含水量超过规定的土，不得直接作为路堤填料。需要应用时，必须采取满足设计要求的技术处理，经检查合格后方可使用。

（3）钢渣、粉煤灰等材料，可用做路堤填料，其他工业废渣在使用前应进行有害物质含量试验，避免有害物质超标，污染环境。

（4）捣碎后的种植土，可用于路堤边坡表层。

3. 施工前的复查和试验工作

路基工程需要大量的填料。在施工前的准备工作中，必须对路基工程范围内的地质、水文情况进行调查，并通过取样、试验，确定相关材料如土、工业废渣等的性质和数量，以保证施工所需。其要点如下。

（1）施工技术人员应根据设计文件提供的资料，对取自挖方、借土场、料场的路堤填料进行复查和取料试验。如设计文件提供的料场不足时，应自行勘察寻找，以保证施工用料可靠和数量充足。

（2）挖方借土场和料场用作填料的土应进行下列项目的试验，其试验方法应遵循：

①液限、塑限、塑性指数、天然稠度或液性指数试验；

②颗粒大小分析试验；

③含水量试验；

④密度试验；

⑤相对密度试验；

⑥击实试验；

⑦强度试验（CBR 值）；

⑧一级公路、高速公路应做有机质含量试验及易溶盐含量试验。

4. 铺筑试验路段

高等级公路以及在特殊地区或采用新技术、新工艺、新材料进行路基施工时，应采用不同的施工方案做试验路段，从中选出路基施工的最佳方案，指导全线施工试验路段的位置应选在地质条件、断面形式均具有代表性的路段，长度不宜小于 100m。

试验路段施工应包括以下 7 点内容：

（1）填料试验、检测报告等；

（2）压实工艺主要参数有机械组合、压实机械规格、松铺厚度、碾压遍数、碾压速度，最佳含水量及碾压时含水量允许偏差等；

（3）过程质量控制方法、指标；

（4）质量评价指标、标准；

（5）优化后的施工组织方案及工艺；

（6）原始记录、过程记录；

（7）对施工设计图的修改建议等。

（二）路基填筑施工

路基填筑施工的主要工序有料场选择、基底处理、填筑和碾压。

1. 料场选择

填筑路堤的材料以采用强度高，水稳定性好，压缩变形小，便于施工压实以及运距短的土、石材料为宜。在选择填料时，一方面要考虑料源和经济性，另一方面要顾及填料的性质是否合适。

2. 基底处理

路堤基底的处理是保证路堤稳定、坚固极为重要的措施。在路堤填筑前进行基底处理，能使填土与原来的表土密切结合；能使初期填土作业顺利进行；能使地基保持稳定，增加承载能力；能防止因草皮、树根腐烂而引起的路堤沉陷。

（1）伐树、除根及表层土处理

①路基用地范围内的树木、灌木丛等均应在施工前砍伐或移植清理，砍伐的树木应移置于路基用地之外，进行妥善处理。高速公路、一级公路和填方高度小于1m的其他公路，应将路基范围内的树根全部挖除并将坑穴填平夯实；填方高度大于1m的其他公路，允许保留树根但根部露出地面不得超过20cm。

②路堤基底为耕地土或松土时，应先清除种植有机土，平整后按规定要求压实。清除深度应达到设计要求（一般不小于1 cm），平整后按规定要求压实。在深耕地段，必要时，应将松土翻挖，土块打碎，然后回填、整平压实。

③路堤基底原土强度不符合要求时，应进行换填，对深度不小于30cm的路堤基底，应予分层压实到规定要求。

a. 高速公路、一级公路、二级公路路堤基底压实度不小于90%。

b. 当路堤填土高度小于路面和路床厚度（80cm）时，应将地基表层土进行超挖并分层回填压实，其处置深不应小于重型汽车荷载作用的工作区深度，基底的压实度不宜小于路床的压实度标准。

④路堤修筑范围内，原地面的坑、洞、墓穴等，应用原地的土或砂性土回填，并按规定进行压实。路堤经过水田、池塘、洼地时，应根据具体情况采用排水疏干、换填水稳性好的土、抛石挤淤等处理措施，确保路堤基底具有足够的稳定性。

（2）坡面基底的处理

填方路堤。如基底为坡面时，填方路堤在荷载作用下，极易失稳而沿坡面产生滑移，因此在施工前必须对基底坡面处理后方能填筑。

①地面横坡为1：10～1：5时，需清除坡面上的树、草、杂物，将翻松的表层土压实后即可保证坡面的稳定。

②地面横坡为1：5～1：2.5时，对于土质地基，原地面应挖成台阶，台阶宽度不小于1m，台阶顶面做成向堤内倾斜2%～4%的坡度；对于石质地基，应将岩面凿成台阶后再分层填土夯实修筑路堤。

③地面横坡陡于1：2.5时，应作特殊处理，以防止路堤沿基底滑动。常用的处理措

施有：

a. 经验算下滑力不大时，先清除基底表面的薄层松散土，再挖宽 1～2m 台阶，坡脚附近的台阶宜再宽一些，通常为 2～3m。

b. 经验算下滑力较大或边坡下部填筑土层太薄时，先将基底分段挖成不陡于 1∶2.5 的缓坡，再在缓坡上挖宽 1～2m 的台阶，最下一级台阶宜更宽一些。

3. 填筑方法

路堤填筑必须考虑不同的土质，从原地面逐层填筑，并分层压实，每层厚度随压实方法而定。

（1）填筑方式

①水平分层填筑。填筑时按横断面全宽分成水平层次，逐层向上填筑。

②纵坡分层填筑。适用于推土机或铲运机从路堑取土填筑，运距较短的路堤，依纵坡方向分层、逐层推土填筑。

③竖向填筑。从路基一端按各横断面的全部高度，逐步推进填筑，适用于无法自下而上，分层填土的陡坡、断岩或泥沼地区。

④混合填筑。当高等级公路路线穿过深谷或陡坡，尤其是要求上部的压实度标准较高时，施工时下层采用横向填筑，上层采用水平分层填筑。

（2）沿横断面一侧填筑的方法

旧路拓宽改造需加宽路堤时，所用填土应与原路堤用土尽量接近或为透水性好的土，并将原边坡挖成向内倾斜的台阶，分层填筑，碾压到规定的密实度。严禁将薄层新填土贴在原边坡的表面。

高速公路和一级公路在横坡陡峻地段的半填半挖路基，必须在山坡上从填方坡脚向下挖成向内倾斜的台阶，台阶宽度不应小于 1m。其中沿横断面挖方的一侧，在行车范围之内的宽度不足一个行车道宽度时，应挖够一个行车道宽度，其上路床深度范围之内的原地面土应予以挖除换填，并按上路床填方的要求施工。

填方分几个作业段施工，两段交接处不在同一时间填筑时，则先填地段应按 1∶1 坡度分层留台阶；若两个地段同时填，则应分层相互交叠衔接，其搭接长度不得小于 2m。

（3）不同土质混填的方法

不同性质的土混合填筑时，应视土的透水能力大小，进行分层填筑压实，并采用有利于排水和路基稳定的方式。一般应遵循以下几点原则。

①以透水性较小的土填筑路堤下层时，其顶面应做成 4%的双向横坡；用于填筑上层时，不应覆盖在由透水性较好的土所填筑的路堤边坡上。

②不同性质的土应分别填筑，不得混填。每种填料层累计总厚度不宜小于 0.5m。

③凡不因潮湿及冻融而变更其体积的优良土应填在上层，强度较小的土应填在下层。

④桥涵及其他构造物处的填筑施工要点。为了保证桥涵及其他构造物（主要指桥台背、锥坡、挡土墙墙背等）的稳定和使用要求，必须认真细致地进行填筑施工，其要点是：

a. 必须坚持在隐蔽工程经监理工程师检查验收认可后，才能进行回填土施工。

b. 桥涵及其他构造物处的填料，除设计文件另有规定外，应采用砂类土或透水性土。当采用非透水性土时，应在土中增加外掺剂，如石灰、水泥等，待改良其性质后再使用。

c. 台背填土顺路线方向长度要求：顶部距翼墙尾端不小于台高 2m，底部距基础内缘不小于 2m，拱桥台背填土长度不应小于台高的 3～4 倍，涵洞填土长度每侧不应小于 2 倍孔径长度。

d. 做好压实工作。结构物处的填土应分层填筑，每层松铺厚度不宜超过 15cm。

e. 在回填压实施工中，应做到对称回填压实，并保持结构物完好无损。压路机压不到的地方，应使用小型机动夯具夯实并达到规定要求的密实度。

f. 施工中应安排桥台背后填土与锥坡填土同时进行，以取得更佳效果。

g. 涵洞缺口填土，应在两侧对称均匀分层回填压实。如使用机械回填，则涵台胸腔部分及检查井周围应先用小型压实机具压实后，方可用大机械进行大面积回填。

h. 涵洞顶面填土压实厚度大于 50cm 后，方可允许重型机械和汽车通过。

i. 挡土墙填料宜选用砂石土或砂类土。墙趾部分的基坑，应注意及时回填，并做成向外倾斜的横坡。填土过程中，应采取相应的措施，防止水害。回填结束后，挡土墙顶部应及时封闭。

j. 严格控制和保证达到压实标准。

高速公路与一级公路的桥台和涵身背后、涵洞顶部的填土压实度标准：从填方基底或涵洞顶部至路床顶面均为 96%，其他公路为 95%。

⑤土方路基填筑压实要求。路基必须分层填筑压实，使每层都表面平整，路拱合适，排水良好。路堤填筑压实的施工要点如下：

a. 填筑路堤宜采用水平分层填筑法施工。

b. 严格控制碾压最佳含水量。

c. 严格控制松铺厚度。采用机械压实时，高速公路和一级公路的分层最大松铺厚度不应超过 30cm；其他公路，按土质类别、压实机具功能、碾压遍数等，经过试验确定，最大松铺厚度不宜超过 50cm。填筑至路床顶面最后一层的最小压实厚度，不应小于 8cm。

d. 严格控制路堤几何尺寸和坡度。路堤填土宽度每侧应比设计宽度宽出30～50m，压实宽度不得小于设计宽度，压实合格后，最后削坡。

e. 掌握压实方法。

f. 加强土的含水量检查。

4. 碾压

碾压是路基填筑工程的一个关键工序，有效地压实路基填筑土，才能保证路基工程的施工质量。

二、土质路堑开挖

路堑施工就是按设计要求进行挖掘，并将挖掘的土石方运到路堤地段作为填料，或者运往弃土堆处，有时也可经加工，作为自采材料，用于结构物或其他工程部位。

路堑由天然地层构成，开挖后边坡易发生变形和破坏，路基的病害常发生在路堑挖方地段，如滑坡、崩塌、落石、路基翻浆等。因此，施工方法与路堑边坡的稳定有密切关系，开挖方式应根据路堑的深度、纵向长度以及地形、地质、土石方调配情况和机械设备条件等因素确定，以加快施工进度，提高工作效率。

（一）土方路堑的开挖方式

土方路堑开挖根据路堑深度和纵向长度，开挖方式可分为全断面横挖法、纵挖法及混合式开挖法三种。

1. 全断面横挖法

路堑整个横断面的宽度和深度，从一端或两端逐渐向前开挖的方式称为“全断面横挖法”。全断面横挖法可分为一层横向全宽挖掘法和多层横向全宽挖掘法两种方式。

一层横向全宽挖掘法适用于开挖深度小且较短的路堑。

多层横向全宽挖掘法适用于开挖深而短的路堑。

2. 纵挖法

纵挖法是沿道路的纵向进行挖掘。纵挖法分为分层纵挖法、通道纵挖法及分段纵挖法三种方式。

（1）分层纵挖法

分层纵挖法适用于较长的路堑开挖。当路堑长度不超过100m，开挖深度不大于3m，地面较陡时，宜采用推土机作业，当地面横坡较缓时，表面宜横向铲土，下层的土宜纵向推运。

(2) 通道纵挖法

沿路堑纵向挖掘一通道，然后将通道向两侧拓宽，上层通道拓宽至路堑边坡后，再开挖下层通道，按此方向进行土方挖掘和外运的流水作业，直至开挖到挖方路基顶面标高，称为“通道纵挖法”。通道可作为机械通行、运输土方车辆的道路。

(3) 分段纵挖法

分段纵挖法适用于路堑过长，弃土运距过远的傍山路堑或一侧堑壁不厚的路堑开挖，同时还应满足其中间段有弃土场、土方调配计划有多余的挖方废弃的条件。

3. 混合式开挖法

将横挖法与通道纵挖法混合使用称为“混合式开挖法”。适用于纵向长度和挖深都很大的路堑，先将路堑纵向挖通后，然后沿横向坡面挖掘，以增加开挖坡面。每个坡面应设一个机械班组进行作业。

(二) 路堑开挖施工注意问题

1. 路堑排水

不论采用何种方法开挖，均应保证开挖过程中及竣工后能顺利排水。为此，施工时应先在适当的位置开挖截水沟，并设置排水沟，以排除地面水和地下水。施工中要在路堑的路线方向保持一定的纵坡。

2. 废方处理

路堑挖出的土方，除利用外，多余的土方应按设计的弃土堆进行废弃，不得妨碍路基的排水和路堑边坡的稳定。同时，弃土应尽可能用于改地造田，美化环境。

3. 注意边坡的稳定并及时设置必要的支护工程

路堑开挖时，不论开挖工程量和开挖深度的大小，均应按照横断面自上而下进行，随挖随修边坡，不得乱挖、超挖。防止因开挖不当导致坍方，尤其在地质不良地段，应分段开挖，分段支护。

4. 禁止超挖

土方路基开挖施工过程中，应经常测量高程和路基宽度，通过计算检验其是否符合设计要求。

(三) 冬、雨期开挖路堑注意事项

1. 雨期开挖

(1) 土质路堑开挖前，在路堑边坡坡顶 2m 以外开挖截水沟并接通出水口。

（2）开挖土质路堑宜分层开挖，每挖一层均应设置排水纵横坡。挖方边坡不宜一次挖到设计标高，应沿坡面留 30cm 厚，待雨期过后整修到设计坡度。以挖做填的挖方应随挖、随运、随填。

（3）土质路堑挖至设计标高以上 30～50cm 时应停止开挖，并在两侧挖排水沟。待雨期过后再挖到路床设计标高并压实。

（4）土的强度低于规定值时应按设计要求进行处理。

（5）雨期开挖岩石路堑，炮眼应尽量水平设置。边坡应按设计坡度自上而下，层层刷坡，坡度应符合设计要求。

2. 冬期开挖

（1）当破开冻土层挖到未冻土后，应连续作业，分层开挖，中间停顿时间较长时，应在表面覆雪保温，避免重复被冻。

（2）挖方边坡不应一次挖到设计线，应预留 30cm 厚台阶，待到正常施工季节再削去预留台阶，整理达到设计边坡。

（3）路堑挖至路床面以上 1m 时，挖好临时排水沟后，应停止开挖并在表面覆以雪或松土，待到正常施工时，再挖去其余部分。

（4）冬期开挖路堑必须从上向下开挖，严禁从下向上掏空挖“神仙土”。

（5）每日开工时选挖向阳处，气温回升后再挖背阴处，如开挖时遇地下水源，应及时挖沟排水。

（6）冬期施工开挖路堑的弃土，要远离路堑边坡坡顶堆放。弃土堆高度一般不应大于 3m，弃土堆坡脚到路堑边坡顶的距离一般不得小于 3m，深路堑或松软地带应保持 5m 以上。弃土堆应摊开整平，严禁把弃土堆于路堑边坡顶上。

（四）路基施工机械和设备

路基施工机械包括土石方机械和压实机械两大类。

土石方机械包括推土机、装载机、挖掘机、铲运机、平地机和凿岩机等几个重要机种，是路基施工中用途最广泛的施工机械，它们担负着土石方的铲装、填挖、运输和整平等作业。

1. 推土机

（1）性能

推土机是以工业拖拉机或专用牵引车为主机，前端装有推土装置，依靠主机的顶推力，对土石方或散装物料进行切削或搬运的铲土运输机械。推土机担负着切削、推运、开挖、填积、回填、平整、疏松和压实等多种土石方作业，其特点是作业面小，机动灵活，转移方便，短距离运土方便。因此，推土机是路基施工中必不可少的机械设备。

(2) 适用性

推土机一般适用于季节性较强、工程量集中、施工条件较差的工程环境，主要用于50～100m的短距离作业，如路基修筑、基坑开挖、平整场地、清除树根、堆积散料等，并可为铲运机与挖装机械松土和助铲，及牵引各种拖式工作装置等作业。

(3) 作业方式

推土机的基本作业是铲土、运土、卸土和空回四个过程，通常有以下五种作业方法：

①波浪式铲土法；

②接力式推土法；

③槽式推土法；

④并列推土法；

⑤下坡推土法。

2. 铲运机

铲运机主要用于较大运距的土方工程，如填筑路堤、开挖路堑和大面积的平整场地等。由于它本身能完成铲装、运输和卸铺作业，并兼有一定的压实和平整能力，所以在公路工程施工中，铲运机是一种使用范围很广的土方施工机械。

(1) 适用性

铲运机的适用范围主要取决于土质特性、运距、机器本身的性能和道路状况。

(2) 作业方式

铲运机通常有以下四种作业方法：

①一次铲装法；

②交替铲装法（跨铲法）；

③波浪式铲土法；

④下坡铲土法。

3. 平地机

平地机是一种装有以铲土刮刀为主，配备其他多种可换作业装置，进行刮平和整形连续作业的工程机械。平地机的铲土刮刀较推土机的推土铲刀灵活，它能连续进行改变刮刀的平面角和倾斜角，使刮刀向一侧伸出的作业；也可以连续进行铲土、运土、大面积平地、挖沟和刮边坡的作业等。

（1）适用性

平地机的主要用途有：从路线两侧取土，填筑不高于 1cm 的路堤；修整路堤的横断面；旁刷边坡；开挖路槽和边沟；大面积平整；等等。此外，还可以在路基上拌和、摊铺路肩上的杂草以及冬季道路除雪等。

（2）作业方式

①选择铲土角；

②选择刮刀回转角；

③斜行作业；

④刮刀侧移；

⑤刮刀移土作业。

4. 挖掘机

挖掘机在公路工程中是用于挖掘和装载土、石、砂砾和散粒材料的重要施工机械。挖掘机是土石方工程施工的主要机械，特点是效率高、产量大，但机动性较差。在公路工程施工中，遇到开挖量较大的路堑和填筑高路堤等大工程量时，用挖掘机配合运输车辆组织施工是比较合理的选择。

5. 装载机

装载机是一种工作效率较高的铲土运输机械，它兼有推土机和挖掘机两者的工作能力，可以进行铲掘、推运、整平、装卸和牵引等多种作业。

装载机的适应范围主要取决于使用场所、土石料特性和工作环境，选用时应注意以下三点：

（1）装载机的经济合理运距；

（2）装载机的斗容与汽车车箱容积的匹配；

（3）充分发挥装载机的效率。

三、土质路基压实

（一）路基压实的意义

路基施工破坏了土体的天然状态，使得结构松散的颗粒需要重新组合。为使路基具有足够的强度与稳定性，必须予以压实，以提高其密实程度。所以路基的压实工作，是路基施工过程中一个重要工序，也是提高路基强度与稳定性的根本技术措施之一。

土是三相体，土粒为骨架，颗粒之间的孔隙为水分和气体所占据。压实的目的在于使土粒重新组合，彼此挤紧，孔隙缩小，让土的单位质量提高，形成密实整体，最终导致强度增加，稳定性提高。

通过大量的试验和工程实践证明，土基压实后，路基的塑性变形、渗透系数、毛细水作用及隔温性能等，均有明显改善。

（二）影响压实效果的因素

对于细粒土的路基，影响压实效果的因素有内因和外因两方面。内因指土质和湿度，外因指压实功能（如机械性能、压实时间与速度、土层厚度）及压实时自然和人为的其他外界因素等。下面就影响压实效果的主要因素进行讨论。

1. 含水量对压实的影响

（1）含水量与密实度（以干容重度量）的关系。

（2）含水量与土的水稳定性的关系。

2. 土质对压实效果的影响

土质对压实效果的影响很大。通过对比可见，砂性土的压实效果优于黏性土。其机理在于土粒越细，比表面积越大的土粒，表面水膜所需的含水量越多，加之黏土中含有亲水性较高胶体物质，使得砂性土的压实效果优于黏性土。至于砂土的颗粒组，由于呈松散状态，水分极易散失，最佳含水量就没有多大的实际意义。

3. 压实功能对压实的影响

压实功能（指压实工具的质量、碾压次数或锤落高度、作用时间等）对压实效果的影响，是除含水量之外的另一个重要因素。据此规律，工程实践中可以增加压实功能（选用重碾，增加次数或延长作用时间等），以提高路基强度或降低最佳含水量。但必须指出，用增加压实功能的办法，提高土基强度的效果，有一定限度。压实功能增加到一定限度以上后，效果提高变得缓慢，在经济效益和施工组织上，不是很合理，甚至当压实功能过大时，一是会破坏土基结构，二是相对应含水量减少而使水稳定性变差，其压实效果适得其反。相比之下，严格控制最佳含水量，要比增加压实功能收效大得多。当含水量不足，洒水有困难时，适当增大压实功能可以收效，如果土的含水量过大，此时如果增大压实功能，必将出现“弹簧现象”，即压实效果很差，造成返工浪费。

4. 压实厚度对压实效果的影响

相同压实条件下（土质、含水量与压实功能不变）实测土层不同深度的密实度（γ，或压实度）可得知，密实度随深度递减，表层5cm最高。不同压实工具的有效压实深度有所差异，根据压实工具类型、土质及土基压实的基本要求，路基分层压实的厚度有具体的规定数值。一般情况下，夯实不宜超过20cm；12～15t光面压路机，不宜超过25cm；振动压路机或夯击机，宜以50cm为限。实际施工时，应通过现场试验确定合适的摊铺厚度。

（三）压路机的选择与操作

1. 压实机具的选择

压实机具的选择以及合理操作，是影响土基压实效果的另一综合因素。土基压实机具的类型较多，大致分为碾压式、夯实式和振动式三大类型。碾压式（又称“静力碾压式”），包括光面碾（普通的两轮和三轮压路机）、羊足碾和气胎碾等几种；夯击式中除人工使用的石碱、大夯外，机动设备中有夯锤、夯板、风动夯及蛙式夯机等；振动式中有振动器、振动压路机等。此外，运土工具中的汽车、拖拉机以及土方机械等，也可用于路基压实。

不同压实机具，适用于不同土质及土层厚度等条件，这些都是选用压实机具种类的主要依据。正常条件下，对于砂性土的压实效果，振动式较好，夯击式次之，碾压式较差；对于黏性土，则宜选用碾压式或夯击式，振动式较差甚至无效。不同压实机具，在最佳含水量条件下，适应于一定的最佳压实厚度以及通常的压实遍数。

2. 压实要求

实践经验证明：土基压实时，在机具类型、土层厚度及行程遍数已经选定的条件下，压实操作时宜先轻后重、先慢后快、先边缘后中间（超高路段则从内侧至外侧，宜先低后高）。压实时，相邻两次的轮迹应重叠轮宽的1/3，保持压实均匀，不漏压，对于压不到的边角，应辅以人力或小型机具夯实。压实全过程中，经常检查含水量和密实度，以达到规定压实度的要求。

3. 土基压实标准及其应用

（1）土基压实标准

土基的压实程度用压实度来表示，以此来检查和控制压实的质量。

压实度是指土被压实后的干密度与该土的标准最大干密度之比，用百分率表示。标准最大干密度是指按照标准击实试验法得到的土在最佳含水量时的干密度。

土被压实后的干密度是指在施工条件下，获取施工压实后的土样，通过试验所得到的干密度。

（2）压实标准规定的应用

填石路堤，包括分层填筑路堤和倾填爆破石块的路堤，不能用土质路基的压实度来判定路基的密实程度。

4. 碾压工序的控制

（1）确定不同种类填土最大干密度和最佳含水量

用于填筑路基的沿线土石材料，性质往往有较大的变化。在路基填筑施工前，必须对主要取土场采集代表性土样，进行土工试验，用规定方法求得各个土场土样的最大干密度和最佳含水量，以便指导路基土的施工。

（2）检查控制填土含水量

由于含水量是影响路基土压实效果的主要因素，故需检测欲填入路基中的土的含水量。用透水性不良的土做填料时，应控制其含水量偏差为最佳含水量±2%。

（3）分层填筑、分层压实

土压实层的密度随深度递减，表面5cm的密度最高。填土分层的压实厚度和压实遍数与压实机械类型、土的种类和压实度要求有关，应通过试验路来确定。一般认为，对于细粒土，用12～25t光轮压路机时压实厚度不超过20cm；用22～25t振动压路机时（包括激振力），压实厚度不超过50cm。

（4）全宽填筑、全宽碾压

填筑路基时，应要求从基底开始在路基全宽范围内分层向上填土和碾压，尤其应注意路堤的边缘部分。路堤边缘往往得不到压实，处于松散状态，雨后容易滑坍，故两侧可采取宽填30～50 cm，压实工作完成后再按设计宽度和坡度予以刷齐整平。

（5）压实原则

按照“先轻后重、先慢后快”的压实原则组织压实，轮迹重叠达到规定要求，一般应在30～50cm以上。

5. 加强测试检验及压实控制

检查压实度一般采取灌砂法、环刀法、蜡封法、水带法和核子密度仪法。环刀法适用于细粒土，灌砂法适用于各类土。采用核子仪时应先进行标定，并与灌砂法作对比试验，找出相关的压实度修正系数。尤其是当填土种类发生变化时，必须重新标定，方能保证压实度检测的准确可靠性。

填筑路基时，应分层碾压，分层检查压实，并要求填土层压实度达到要求后方能允许填筑上一层填土，只有分层控制填土的压实度，才能保证全深度范围内的压实质量。

许多地段都是由于路基压实度未能达到规定要求所导致路基出现翻浆、沉陷等破坏现象。因此，路基填筑时压实度必须要达到规定的要求，这样才能保证路基的稳定性。

第二节 石质路基施工技术

一、填石路堤施工

（一）填石路堤的施工方法

填石路堤的施工方法如下：

（1）填石路堤的基底处理同填土路堤。

（2）高速公路、一级公路和铺设高级路面的其他等级公路的填石路堤均应分层填筑，分层压实。二级及二级以下且铺设低级路面的公路，在陡峻山坡段施工特别困难或需大量爆破以挖做填时，可采用倾填方式将石料填筑于路堤下部，但倾填路堤在路床底面下不小于1.0m范围内仍应分层填筑压实。

（3）填石路堤的压实度检验：包括分层填筑岩块及倾填爆破石块填筑的路堤，在规定深度范围内，以12t以上振动压路机进行压实试验，当压实层顶面稳定，不再下沉（无轮迹）时，可判为密实状态。

（二）填石路堤的施工要求

1. 填料的选择

填石路堤是指用粒径大于40mm，含量超过70%的石料填筑的路堤。

膨胀性岩石、易溶性岩石、崩解性岩石和盐化岩石等均不应用于路堤填筑。用强风化石料软质岩石填筑路堤时，应按土质路堤施工规定先检验其CBR值是否符合要求，CBR值不符合要求时不得使用，符合使用要求时应按土质筑堤的技术要求施工。

填石路堤的石料强度不应小于15MPa（用于护坡的不应小于20MPa）。填石路堤石料最大粒径不宜超过层厚的2/3。

2. 施工中应将石块逐层水平填筑

分层松铺厚度：高速公路及一级公路不宜大于0.5m，其他公路不宜大于1.0m。大面向下摆放平稳，紧密靠拢，所有缝隙填以小石块或石屑。高速公路及一级公路填石路堤路床顶面以下50cm范围内，应填筑符合路床要求的土并分层压实，填料最大粒径不得大于10cm。其他公路填石路堤路床顶面以下30cm范围内，宜填筑符合路床要求的土并压实，填料最大粒径不应大于15cm。超粒径石料应进行破碎，使填料颗粒符合要求。

3. 填石路堤压实

填石路堤应使用重型振动压路机分层洒水压实，压实时继续用小石块或石屑填缝，直到压实层顶面稳定、不再下沉且无轮迹、石块紧密、表面平整为止。

4. 路堤边坡坡脚码砌

填石路基倾填前，路堤边坡坡脚应用粒径大于30cm的硬质石料码砌。

当无设计规定时，填石路堤高度小于或等于6m时，其码砌厚度不应小于1m；大于6m时，不应小于2m。

二、石质路堑施工

石质路堑开挖最有效的方法是爆破。爆破可以大大提高施工效率，缩短工期，节约劳动力，提高公路的使用质量。

（一）石质路堑的开挖方式

石质路堑的开挖通常采用爆破法，有条件时宜采用松土法，局部情况可采用破碎法。

施工时，采用的爆破方法，要根据石方的集中程度，地质、地形条件及路基断面形状等具体条件而定。主要方法有钢钎炮、深孔爆破、葫芦炮、光面爆破与预裂爆破和抛坍爆破。

1. 常用爆破方法的特点及优点

（1）综合爆破

综合爆破是根据石方的集中程度，地质、地形条件，公路路基断面的形状，综合配套使用的一种比较先进的爆破方法。

一般包括小炮和洞室炮两大类。小炮主要包括钢钎炮（炮眼法）、深孔爆破等钻孔爆破；洞室炮主要包括药壶炮（葫芦炮）和猫洞炮，洞室炮随药包性质、断面形状和地形的变化而不同。用药量1t以上为大炮，1t以下为中小炮。

①裸露药包法

裸露药包法是将药包置于被炸物体表面或经清理的岩缝中，药包表面用草皮或稀泥覆盖，然后进行的爆破。

②钢钎炮（炮眼法）

在路基工程中，钢钎炮（炮眼法）是指炮眼直径小于70mm和深度小于5m的爆破方法。一般情况下，单独使用钢钎炮爆破石方是不经济的，原因有以下两点：

a. 炮眼直径小，炮眼浅，用药少，一般最多装药为眼深的1/3～1/2，每次爆破的石方量不大（通常不超过 $10m^3$），并全靠人工清除，所以工效较低。

b. 不利于爆破能量的利用，但比较灵活，因而它又是一种不可缺少的炮型，在综合爆破中是一种改造地形，为其他炮型服务的辅炮型。

③药壶炮（葫芦炮）

药壶法是指在深 2.5m 以上的炮眼底部用小量炸药经一次或多次烘膛，使底成葫芦形，将炸药集中装入药壶中进行爆破。葫芦炮炮眼较深，适用于均匀致密黏土（硬土）、次坚石、坚石。对于炮眼深度小于 2.5m，节理发育的软石，地下水较多或雨季施工时，不宜采用。

④猫洞炮

猫洞炮是炮洞直径为 0.2～0.5m，洞穴成水平或略有倾斜（台眼），深度小于 5m，将药集中于炮洞中进行爆破的一种方法。它适用于硬土、胶结良好的石古河床、冰渍层、软石和节理发育的次坚石，坚石可用其间的裂隙修成导洞或药室，这种炮型对大孤石、独岩包等爆破效果更佳。

⑤大爆破（洞室）施工方法

大爆破是采用导洞和药室装药，用药量在 1000kg 以上的爆破方法。

（2）光面爆破

光面爆破是在开挖限界的周边，适当排列一定间隔的炮孔，在有侧向临空面的情况下，用控制抵抗线和药量的方法进行爆破，使之形成一个光滑平整的边坡。

（3）预裂爆破

预裂爆破是在开挖限界处按适当间隔排列炮孔，在没有侧向临空面和最小抵抗线的情况下，用控制药量的方法，预先炸出一条裂缝，使拟爆体与山体分开，作为隔振减振带，消除或减弱开挖限界以外山体或建筑物的振动破坏作用。

（4）抛坍爆破

抛坍爆破运用于自然地面坡度大于 30°，地形地质条件复杂的半填半挖路堑。

（5）微差爆破

相邻两药包或前后排药包以毫秒的时间间隔（一般为 15～75ms）依次起爆，称为“微差爆破”，亦称“毫秒爆破”。多发一次爆破最好采用毫秒雷管。多排孔微差爆破是浅孔、深孔爆破发展的方向。

（6）定向爆破

在公路工程中用于以借为填或以挖做填地段，特别是在深挖高填相间、工程量大的鸡爪形地区，宜采用定向爆破。

2. 松土法

为了有利于开挖边坡的稳定和保护既有建筑物的安全，大马力推土机不断普及，用松土法开挖岩石被越来越广泛地采用。

（二）爆破开挖路堑施工方法

（1）恢复路基中线，放出边线，钉牢边桩。

（2）根据地形、地质及挖深选择适宜的开挖爆破方法，制订爆破方案，作出爆破施工组织设计，报有关部门审批。

（3）用推土机整修施工便道，清理表层覆盖土及危石。

（4）在地面上准确放出炮眼（井）位置，竖立标牌，标明孔（井）号、深度、装药量。

（5）用推土机配合爆破，创造临空面，使最小抵抗线方向面向回填方向。

（6）炮眼在布置整体爆破时采用“梅花形”或“方格形”，预裂爆破时采用“一”字形，洞室爆破根据设计确定药包的位置和药量。

（7）在居民区及地质不良可能引起坍塌后遗症的路段，原则上不采用大中型洞室爆破。在石方集中的深挖路堑采用洞室爆破时，应认真设计分集药包位置和装药量，精确测算爆破漏斗，防止超爆、少爆或振松边坡，留下后患。

（8）爆破施工要严格控制飞石距离，采取切实可行的措施，确保人员和建筑物的安全，如采用毫秒微差爆破技术。

（9）控制爆破也可以采用分段毫秒爆破方法。

（10）为确保边坡爆破质量，可采用预裂爆破技术，光面爆破技术和排眼毫秒爆破技术，同时配合选择合理的爆破参数，减少冲击波影响，降低石料大块率，以减少二次破碎，利于装运和填方。

（11）装药前要布好警戒，选择好通行道路，认真检查炮孔、洞室，吹净残渣，排除积水，做好爆破器材的防水保护工作，雨季或有地下水时，可考虑采用乳化防水炸药。

（12）装药分单层、分层装药，预裂装药及洞室内集中装药。光眼装药后用木杆捣实，填塞黏土；洞室装药时，将预先加好的起爆体放在药包中心位置，周围填以硝酸安全炸药，用砂黏土填塞，填塞时要注意保护起爆线路。

（13）认真设计，严密布设起爆网络，防止发生短路及二响重叠现象。

（14）顺利起爆并清除边坡危石后，用推土机清理道路，用推土机、铲运机纵向除土填方，运距较远时，用挖掘机械装土，自卸汽车运输。

（15）随时注意控制开挖断面，切勿超爆，适时清理整修边坡和暴露的孤石。

（三）石质路基质量控制

1. 一般规定

（1）土方路基和石方路基的实测项目技术指标的规定值或允许偏差，按高速公路、一级公路和其他公路（指二级及二级以下公路）两档设定，其中土方路基压实度按高速公路，一、二级公路和三、四级公路三档设定。

（2）本文规定的实测项目的检查频率，如果检查路段以延米计时，则为双车道公路每一检查段内的最低检查频率（多车道公路必须按车道数与双车道之比，相应增加检查数量）。

（3）路基压实度须分层检测，并符合规范规定。路基其他检查项目均在路基项目进行检查测定。

（4）路肩工程可作为路面工程的一个分项工程进行检查评定。

（5）服务区停车场、收费广场的土方工程压实标准，可按土方路基要求进行监控。

2. 石方路基的基本要求

（1）石质路堑的开挖宜采用光面爆破法。爆破后应及时清理险石、松石，确保边坡安全、稳定。

（2）修筑填石路堤时应进行地表清理，逐层水平填筑石块，摆放平稳，码砌边部。填筑层厚度及石块尺寸应符合设计和施工规范规定，填石空隙用石碴、石屑嵌压稳定。上、下路床填料和石料最大尺寸应符合规范规定。采用振动压路机分层碾压，压至填筑层顶面石块稳定，18t 以上压路机振压 2 遍无明显标高差异。

（3）路基表面应整修平整。

（4）外观鉴定：

①上边坡不得有松石。不符合要求时，每处减 1～2 分。

②路基边线直顺，曲线圆滑。不符合要求时，单向累计长度每 50m 减 1～2 分。

第三章

路面施工技术

第一节　沥青路面施工技术

一、沥青表面处置层的施工

（一）认识沥青表面处置

沥青表面处置是用沥青和集料按拌和法或层铺法施工的一种厚度不大于3cm的薄层沥青面层。由于处置层很薄，一般不起强度作用，其主要作用是抵抗行车的磨耗，增强防水性，提高平整度，改善路面的行车条件。

影响表面处置性能的因素有以下六点。

1. 交通量

载货汽车的数量对石屑嵌入道路表面有一定影响。载货汽车是指自重大于1.5t的车辆，较低轴载的车辆对石屑嵌入影响小。

2. 原有道路表面

石屑陷入原有道路表面的程度与它的表面硬度，以及车道上面行驶的载货汽车数量有关。当陈旧道路表面呈多孔情况，必须估计到部分黏结料因渗入下层导致面层黏膜的实际厚度减小。陈旧道路表面严重开裂最终会扩展到表面处置层上。

3. 石屑粒径和种类

石屑粒径不应太小，否则不久会埋入表面下层；粒径太大，车辆会把它们从路面挤脱。石屑还应有足够的强度和抗磨光能力，适宜于道路的表面处置。

4. 黏结料

它的功能是填实裂缝并把石屑同下层表面结合起来。黏结料须有适当的黏度，以便它在摊铺时将石屑充分湿润，道路开放行车后可以防止石屑脱落，并在长期低温时不致脆化。

5. 黏结料的撒布率

必须有足够的撒布率在表面处置施工后牢固地粘住石屑，在表面处置使用期内要有足够的表面纹理深度，撒布时须不过量，但考虑撒布均匀性，部分黏结料可用于填补孔隙。

6. 环境条件

环境条件可能与当时的位置、气候或特殊的交通情况有关，表面处置的黏结料凝结速度与铺筑在空旷或有遮盖场地有关，进行表面处置的季节和处置后初期的气候对其性能有重要的影响。车辆在交叉口或环道处因制动、加速或转弯而增加的应力会加速石屑被剥落。

（二）材料规格和用量

1. 沥青

沥青表面处置可采用道路石油沥青、煤沥青或乳化沥青。沥青表面处置对沥青材料的要求有以下几个方面：渗透性好、凝结时间短、黏结力大、不易老化、便于浇洒、耐久性好。

2. 矿料

沥青表面处置的设计原则是要确保道路所选择的石屑粒径，应根据预测交通量估计石屑埋入现有磨耗层的情况而定。确定集料的粒径时，应考虑道路的硬度、交通量、轴重和设计行车速度。集料纹理和磨光性能对道路的抗滑能力有很大影响，具体可根据当地特点选用碎石、轧制碎石或筛选砾石。

（三）沥青表面处置层铺法的施工

施工方法分为层铺法和拌和法，通常采用层铺法，而层铺法施工又分为先油后料法和先料后油法。

1. 施工机械

（1）沥青撒布车

沥青表面处置施工采用沥青撒布车。撒布时车速和喷洒保持稳定，沥青撒布车在整个宽度内喷洒应均匀。撒布机的喷嘴类型不同，撒布的效果也不同，缝隙式的撒布效果能够做到类似涡旋式喷嘴所撒布的横向分布水准，且可以减少黏结料中的稀释剂用量，节省成本并降低施工温度。

小规模沥青表面处置的施工，可采用机动或手摇的手工沥青撒布车撒布沥青，乳化沥青也可用轮泵气压式撒布机撒布。如采用手工喷洒，喷洒工人应拥有熟练的技术。

（2）集料撒布机

采用集料撒布机不仅使工作进展快，而且能把集料撒布得更平整，撒布量也更精确。集料撒布机还有一个优点是撒布的集料更紧贴道路表面，从而减少集料跳离路面露出黏结料或跳到表面处置以外部位，防止黏结料滞留在表面的情况发生。人工撒布也是我国日常小型养护常用的方法，由于表面处置厚度较薄，该法最大的缺点是不易控制集料的撒布量，并且手工撒布具有效率低和工期长的缺点。对于较大的工程项目和等级较高的路面表面加铺和表面处置的施工均应使用集料撒布机。

（3）压路机

沥青表面处置的施工采用 6～8t 或 8～10t 的压路机，轮胎式压路机可以使石屑与黏结料薄膜有较好的初始黏结，而不致把选定的集料压碎，或因不适当的尺寸导致路面在使用期间出现泛油。

2. 施工准备

（1）应检查油泵系统、输油管道、油量表、保温设备等

可将一定数量的沥青装入油罐后，先试洒，确定喷洒速度及喷洒量。每次喷洒前喷油嘴应保持干净，管道应畅通，喷油嘴的角度应一致，并与洒油管成 15°～20°，使同一地点接受 2 个或 3 个喷油嘴喷洒的沥青，并不得出现花白条。在有风的天气下不宜使用三重喷洒。

（2）集料撒布机准备

检查其传动和液压调整系统，并进行试洒，确定撒布各种规格集料时应控制下料间隙及行驶速度。当为半幅施工并采用人工撒布集料时，应按等距离划分成小段，并应按规定用量备足集料，以后每层也按同样办法备料。

（3）沥青的准备

应按规定的频率抽取试样进行试验，不符合要求的材料不得使用。沥青中若含有水分时，应在使用前进行脱水。

3. 施工程序

这里介绍三层式沥青表面处置的施工工序（先油后料法）。

施工前的准备工作→安装路缘石→浇洒透层沥青→浇洒第一层沥青→撒铺第一层集料→碾压→浇洒第二层沥青→撒铺第二层集料→碾压→浇洒第三层沥青→撒铺第三层集料→碾压→控制交通→初期养护。

三层式的厚度为 2.5～3.0cm。两层式（厚度为 1.5～2.5cm）和单层式（厚度为 1～1.5cm）的施工程序与三层式的方法相似。

4. 施工要点

（1）下承层准备

在表面处置层施工前，应将路面基层清扫干净，使基层的矿料大部分外露，并保持干燥。对有坑槽、不平整的路段应先修补和平整，若基层整体强度不足，则应先补强。

（2）浇洒沥青

在浇洒透层沥青或做封层的基础表面清扫后，应按要求的数量浇洒第一层主层沥青。

（3）撒铺集料

第一层集料在浇洒主层沥青后应立即进行撒布，按规定用量一次撒足，撒布集料应符合下列要求。

①施工时若使用乳化沥青，其撒铺集料须在乳液破乳前完成。

②撒铺集料后应及时扫匀，应覆盖路面，厚度应一致，集料不应重叠，也不应露出沥青。当局部缺料时，应采用人工方法适当找补。若局部积料过多时，应将多余集料扫出。

③前幅路面浇洒沥青后，应在两幅搭接处暂留 10～15cm 宽度不撒石料，待后幅浇洒沥青后一起撒布集料。

（4）碾压

撒布一段集料后，应立即用 6～8t 钢筒双轮压路机或轮胎式压路机由路边至中心碾压，每次碾压轮迹应重叠 30cm，碾压 3～4 遍。碾压速度开始不超过 2km/h，以后可适当增加。第二层、第三层的施工方法和要求应与第一层相同，但可采用 8～10t 压路机。

（5）控制交通与初期养护

除乳化沥青表面处置破乳后水分蒸发并基本成型后方可通车外，沥青表面处置在碾压结束后即可开放交通，在通车初期应设专人指挥交通或设置障碍物控制行车，并使路面全部宽度均匀压实，限制车速不超过 20km/h。

当发现有泛油时，应在泛油处补撒嵌缝料，嵌缝料应与最后一层石料规格相同，并应扫匀。当有过多浮动集料时，应扫出路面，并不得扰动已经黏着在位的集料。若有其他破坏现象，应及时修补。

（四）施工注意事项

（1）各工序必须紧密衔接，不得脱节。每个作业段长度应根据集料撒布速度、压路机数量等来安排，当天施工的路段必须当天完成，以免发生沥青冷却、不能裹覆矿料和尘土污染等不良后果。

（2）注意不得在潮湿的矿料或基层上撒布沥青，在施工中遇雨，应待矿料晾干后才能继续施工。

（3）施工现场应设有工地试验室，建立健全的质量检查制度，以检验材料和施工质量并作好原始记录。

（4）合理安排有利的施工季节，尽量安排在夏季施工。

（5）严格控制油石比。

（6）加强初期养护工作，应配备专人负责养护和交通管制等工作，控制行车碾压，使路面全幅均匀压实。

二、热拌沥青混合料面层的施工

沥青混合料是用适量的沥青材料与一定级配的矿质集料，经过充分拌和而形成的混合物。将这种混合物加以摊铺、碾压成型，即成为各种类型的沥青路面。

热拌沥青混合料包括热拌沥青碎石、沥青混凝土、抗滑表层等多种类型。热拌沥青混凝土路面是由几种大小不同的矿料，用沥青作结合料，按一定比例配合，在严格的配合比及温度条件下拌和，经压实形成的路面面层。其特点是矿料、沥青及混合料从拌和到铺筑成型，均须在较高的温度范围内完成。

（一）沥青路面原材料的选择

1. 沥青

拌制沥青混合料用沥青材料的技术性质，随气候条件、交通性质、沥青混合料的类型和施工条件等因素而异。通常在较热的气候区或较繁重的交通条件下，细粒式或砂粒式的混合料则应采用稠度较高的沥青；反之，则采用稠度较低的沥青。在其他配料条件相同的情况下，较黏的沥青配制的混合料具有较高的力学强度和稳定性，但如稠度过高，则沥青混合料的低温变形能力较差，沥青路面容易产生裂缝；反之，在其他配料条件相同的情况下，采用稠度较低的沥青虽然配制的混合料在低温时具有较好的变形能力，但在夏季高温时，往往因稳定性不足而使路面产生推挤现象。

（1）道路石油沥青

沥青路面采用的沥青标号，宜按照公路等级、气候条件、交通条件、路面类型及在结构层中的层位及受力特点、施工方法等，结合当地的使用经验，经技术论证后确定。

对高速公路、一级公路，夏季温度高、高温持续时间长、重载交通、山区及丘陵区上坡路段、服务区、停车场等行车速度慢的路段，尤其是汽车荷载剪应力大的层次，宜采用稠度和 60℃黏度大的沥青，也可提高高温气候分区的温度水平选用沥青等级；对冬季寒冷的地区或交通量小的公路、旅游公路宜选用稠度小、低温延度大的沥青；对温度日温差、年温差大的地区宜注意选用针入度指数大的沥青。当高温要求与低温要求发生矛盾时，应优先考虑满足高温性能的要求。

沥青必须按品种、标号分开存放。除长期不使用的沥青可放在自然温度下存储外，沥青在储罐中的贮存温度宜为 130～170℃。桶装沥青应直立堆放，加盖苫布。

道路石油沥青在贮运、使用及存放过程中应有良好的防水措施，避免雨水或加热管道蒸汽进入沥青中。

（2）乳化沥青

乳化沥青是石油沥青或煤沥青在乳化剂、稳定剂的作用下经乳化加工制得的均匀的沥青产品，也称“沥青乳液”。按乳化沥青的使用方法分为喷洒型（用 P 表示）及拌和型（用 B 表示）乳化沥青两大类。其主要优点为：冷态施工、节约能源；利便施工、节约沥青；乳化沥青施工不需加热，故不污染环境；避免了劳动操作人员受沥青挥发物的毒害。

乳化沥青适用于沥青表面处置路面、沥青贯入式路面、常温沥青混合料路面，以及透层、黏层与封层。乳化沥青的类型应根据使用目的、矿料种类、气候条件选用。对酸性石料，以及当石料处于潮湿或在低温状态下施工时，宜采用阳离子乳化沥青；对碱性石料，且石料处于干燥状态或与水泥、石灰、粉煤灰共同使用时，宜采用阴离子乳化沥青。

石料在高温条件下宜采用黏度较大的乳化沥青，寒冷条件下宜使用黏度较小的乳化沥青。

（3）煤沥青

煤沥青是由得到的煤焦油再经蒸馏加工制成的沥青。煤沥青与石油沥青相比，在技术性质上的差异有温度稳定性较低，与矿质集料的黏附性较好，气候稳定性较差，以及含有较多对人体有害成分，臭味较重。

煤沥青防腐性能好，可以用于木材防腐及地下防水、防腐工程。道路用煤沥青适用于透层、黏层，也可用于三级及三级以下的公路和次干路以下的城市道路铺筑沥青面层，但热拌沥青混合料路面的表面层不宜采用煤沥青。作其他用途时的贮存温度宜为 70℃～90℃，且不得长时间贮存。煤沥青可与道路石油沥青、乳化沥青混合使用，以改善渗透性。

2. 粗集料

沥青混合料用粗集料，可以采用碎石、破碎砾石、筛选砾石、矿渣等。

沥青混合料用粗集料，应该洁净、干燥、无风化、不含杂质。在力学性质方面，压碎值和洛杉矶磨耗率应符合相应道路等级的要求。

粗集料应具有良好的颗粒形状，用于道路沥青面层的碎石不宜采用颚式破碎机加工。

筛选砾石仅适用于三级及三级以下公路和次干路以下城市道路的沥青表面处置路面，以及拌和法施工的沥青面层的下面层，不得用于贯入式路面及拌和法施工的沥青面层的中、上面层。

对用于抗滑表层沥青混合料中的粗集料，应该选用坚硬、耐磨、韧性好的碎石或碎砾石，矿渣及软质集料不得用于防滑表层。用于高速公路、一级公路、城市快速道路、主干路沥青路面表面层及各类道路抗滑用的粗集料，应符合磨耗值和冲击值的要求。在坚硬石料来源缺乏的情况下，允许掺加一定比例普通集料作为中等或小颗粒的粗集料，但掺加比例不应超过粗集料总质量的40%。

破碎砾石的技术要求与碎石相同，但破碎砾石用于高速公路、一级公路、城市快速路、主干路沥青混合料时，5mm 以上的颗粒中，有一个以上的破碎面的含量不得少于50%。

3. 细集料

用于拌制沥青混合料的细集料，可以采用天然砂、人工砂或石屑。

细集料应洁净、干燥、无风化、不含杂质，并有适当的级配范围。

热拌沥青混合料的细集料宜采用优质的天然砂或人工砂，在缺砂地区，也可以使用石屑，但用于高速公路、一级公路、城市快速路、主干路沥青混凝土面层及抗滑表层的石屑用量，不超过天然砂及机制砂。

细集料应与沥青有良好的黏结能力，与沥青黏结性能很差的天然砂，及用花岗岩、石英岩等酸性石料破碎的机制砂或石屑，不宜用于高速公路、一级公路和城市快速路、主干沥青面层。当需要使用时，应符合规定的抗剥离要求。

4. 填料

沥青混合料的填料宜采用石灰岩或岩浆中的强基性岩石（憎水性石料）经磨细得到的矿粉。原石料中泥土含量应小于3%，并不得有其他杂质。矿粉要求干燥、洁净。当采用水泥、石灰、粉煤灰作填料时，其用量不宜超过矿料总量的2%。

粉煤灰作为填料使用时，烧失量应小于12%，塑性指数应小于4%，其余质量要求与矿粉相同。粉煤灰的用量不宜超过填料总量的50%。并应经试验确认与沥青有良好的黏附性，沥青混合料的水稳定性能满足要求。

拌和机采用干法除尘，石粉尘可作为矿粉的一部分回收使用。湿法除尘、石粉尘回收使用时应经干燥处理，且不得含有杂质。回收粉尘的用量不得超过填料总量的50%，掺有粉尘填料的塑性指数不得大于4%，其余质量要求与矿粉相同。

（二）沥青混合料的拌和

1. 拌和设备的类型和选择

沥青混凝土搅拌设备按工艺流程分为间歇强制式设备和连续强制式设备。

（1）间歇强制式拌和设备

间歇强制式拌和设备的特点为冷矿料的烘干、加热以及与热沥青的拌和，是先后在不同的设备中进行的，其中集料的烘干与加热是连续进行的，混合料的拌制则是间歇地由搅拌器强制拌和。

①不同规格的冷砂石料分别装入不同料斗→各料斗定量给料装置按配合比粗配→粗配后的冷骨料由皮带运输机运输→干燥滚筒内的火焰逆流将冷骨料烘干并加热到足够温度→除尘装置将粉尘分离→热骨料被提升机传输→热骨料由筛分机筛分后存入4或5个储料仓储存（以上过程为连续进行）→热骨料计量装置精确计量→搅拌器搅拌。

②矿粉→矿粉储仓→矿粉定量给料装置→搅拌器搅拌。

③沥青→沥青保温罐→沥青定量装置→搅拌器搅拌。由上①可知矿料经过二次筛分和施工配合比进入搅拌器并与矿粉和沥青一起拌制成沥青混合料。原材料颗粒组成的变化对沥青混合料的矿料组成不会有太多的影响，矿料与沥青的比例也能达到相当精确的程度（|油石比误差|≤0.3%）。

由于间歇强制式拌和设备历史悠久，技术已趋完善，并且采用相对较简单的计量技术，即可获得各种沥青混合料较精确的配合比。因此，间歇强制式拌和设备得到了广泛的应用。

（2）连续强制式拌和设备

在连续强制式拌和机中集料的烘干、加热及混合料的拌制均为连续进行，由搅拌器强制拌和。

2. 沥青混合料的拌制

（1）原材料的准备

热拌沥青混合料拌和前，对每批到场的沥青均应检查其生产厂家所附的试验报告、数量、生产日期及试验结果等。对每批沥青进行抽检，若抽检中发现有不符合要求的，应加倍检验，若仍有不符合要求的，应退货。

对进场的碎石、砂、石屑、矿粉等材料都要严格检查，不合格材料严禁入场。经选择确定的材料在施工过程中应保持稳定，不得随意变更。

堆料场贮存的集料应为平均日用量的5倍以上，集料应遮盖，以防雨水。集料的含水量过大则意味着加热时间长，生产能力降低。集料要干净，无垃圾、尘土等杂物，堆放要有序，严格防止不同料径的料混杂。

生产热拌沥青混合料，通常采用四五种不同粗细规格的集料，每种集料置于相应的冷料仓中。各个冷料仓的集料通过仓口下的小皮带（或履带）输送到通往拌和机的大输送带上，仓口开启的大小和皮带运行的速度，均直接影响各冷料仓供料的多少，因此，可通过调整冷料仓出料口的开启大小和皮带运行的速度，来控制各冷料仓的供料数量（在实际生产中，一般均固定出料口的开启度，通过改变皮带运行的速度调整供料的数量），使混合料的颗粒组成符合目标配合比。

矿粉和沥青贮量应为平均日用量的2倍以上，贮存的矿粉必须遮盖，不得浸水，否则将影响矿料配合比精度和拌和机生产效率。

（2）试拌

在拌和厂拌制一种新配合比的混合料之前，或中断了一段时间后重新启用后，均应根据生产配合比进行试拌。通过试拌及抽样试验确定施工时的质量控制指标。

①对间歇式拌和设备，应根据生产配合比的要求，确定拌制每盘混合料时各冷料仓和热料仓的出料数量。对连续式拌和设备，应确定各种矿料送料口的大小及沥青、矿料的进料速度。

②沥青混合料应按生产配合比确定的沥青用量进行试拌，试拌后取样进行马歇尔试验和抽提试验，并将其试验值与生产配合比试验结果进行比较，验证沥青用量的合理性，必要时作适当调整。

③确定适宜的拌和时间。间歇式拌和设备每盘拌和时间宜为30～60s，其中干拌时间不小于5s。最佳拌和时间是使拌出的混合料色泽均匀一致，每个集料颗粒都被沥青膜均匀裹覆，大小颗粒分布均匀所需的最短时间。连续式拌和机的拌和时间由上料速度及拌和温度调节。

④确定适宜的拌和及出厂温度。应根据不同的沥青品种和不同的沥青混合料确定拌和时间及出厂温度，可在拌和机的出料口接料检测温度，该温度如在规定的出厂范围内，且混合料色泽均一，流而不散则认为该温度合适。如温度超出规定范围或目测不合格，则须适当调整原材料的加热温度，直至满足要求为止。此时的集料及沥青的加热温度，即可定为正式生产时的加热温度。

拌制根据配料单进料，严格控制各种材料用量及其加热温度。拌和后的沥青混合料应均匀一致，无花白、离析和结团成块现象。每班抽样做沥青料性能、矿料组成和沥青用量检验。每班拌和结束时，清洁拌和设备和防空管道中的沥青。做好各项检查记录，不符合技术要求的沥青混合料禁止出厂。

3. 试铺

高等级公路在施工前应铺筑试验段。铺筑试验段是不可缺少的步骤，应该成为一种制度。

其他等级公路在缺乏施工经验或初次使用重大设备时，也应铺筑试验段。试验段的长度应根据试验目的确定，宜为100～200m，太短了不便施工，得不出稳定的数据。试验段宜在直线段上铺筑。如在其他道路上铺筑时，路面结构等条件应相同。路面各层的试验可安排在不同的试验段进行。

在试验段的铺筑过程中，施工单位应认真做好分析记录，监理工程师或工程质量监督部门应监督、检查试验段的施工质量，及时与施工单位商定有关结果。铺筑结束后，施工单位应就各项试验内容提出试验总结报告，并取得主管部门的批复，作为施工依据。

（三）沥青混合料现场施工

1. 施工放样

（1）基准形式的选择

基准形式是指摊铺机通过基准线（梁）和行走基准两种方式控制摊铺高程，基准线一般用钢丝绳。通常在摊铺下面层和中面层时，由于下面层的平整度较低，需布设基准线。摊铺机的传感装置通过感应基准线的高程来控制摊铺高程（俗称“走钢丝绳”）；摊铺表面层时，中面层已具有较高的平整度，其基准形式一般是摊铺机通过滑橇感应中面层的高程来控制摊铺高程（俗称“走雪橇”）。

（2）基准线的布设

基准线是控制铺筑层标高和平整度的关键，可分四步进行布设。

第一步：布设钢桩，一般布设在路肩的边缘，距摊铺边缘30～50cm。桩距直线段宜为10m，弯道部分酌情适当缩短，以保证路面边缘摊铺圆顺，桩位最好选用设计图表上的桩号，以便利用其设计高程作为基准线标高的依据，桩的打入深度以桩稳固为度，分别测定下承层上打桩点的高程。

第二步：在桩上套上带托架的套管，使托架垂直于路中线。将实测高程与设计高程作比较，如果两者高程差值在厚度允许误差范围内时，移动套管使套管顶部高程等于实测高程，并固定套管。如果某些测点高程高于设计高程时，应按本层设计厚度放样，移动套管使套管顶部高程等于实测高程与本层设计厚度之和，并固定套管，同时对纵坡进行调整，调坡坡度以千分之一为宜，切忌频繁调坡，影响行车的舒适性。

第三步：将钢丝绳的一端固定在支撑桩上，然后将钢丝绳放在各桩的托架上，用紧线器拉紧，最后固定在另一端的支撑桩上。此钢丝绳即为控制摊铺高程的基准线。

第四步：量测基准线与下承层顶面的高度，并与设计厚度进行比较，对不满足的点再作调整。

基准线必须充分拉紧，下垂度不得超过路面平整度的允许偏差值，摊铺过程中施工人员和机具不得碰撞基准桩、线，防止基准线发生偏差影响摊铺效果。

2. 热拌沥青混合料的运输

热拌沥青混合料应采用较大吨位的自卸汽车运输，以减少摊铺机前经常短时换车卸料的情况，用于运输的数量应能与摊铺机的摊铺速度相协调，保证不至于使摊铺机停工待料。施工过程中，摊铺机前一般应保证有不少于 5 辆料车在等候卸料。

车厢应具有紧密、清洁、光滑的金属底板并应打扫干净。为防止沥青混合料与车厢板黏结，在车厢侧板和底部涂刷柴油与水以 1∶3 比例混合的混合液。但要严格控制涂液用量，以均匀涂遍但不积油水为宜。不允许用石油衍生剂来作运料车底板的涂料。

在往运料车上装载沥青混合料时，为减少混合料颗粒离析，应尽量缩短出料口与车厢的下料距离，且自卸车不应停在一个位置上受料，每往车厢内装一斗料，车就移动一次位置。为使装料均匀，分次装料一般以奇数次为宜，一车料最少应分 3 次装载，首先将料放于车箱的前部，然后移动运料车，将料放于车箱的后部，最后再移动运料车，使余下的料在车箱的中部均匀分装。

连续摊铺过程中，运料车或转运车应在摊铺机前 10～30cm 处停住不得撞击摊铺机；卸料过程中，运料车或转运车要挂空挡，靠摊铺机推动前进。车厢慢慢升起，将混合料缓缓卸入摊铺机料斗中，要相互配合确保不溜车。

3. 热拌沥青混合料的摊铺

（1）摊铺机的工作原理

混合料运输车将混合料卸入摊铺机接料斗后，由其底部的纵向输送带经流量控制装置，将混合料送入螺旋布料器，再由其向两侧输送到预定的摊铺地点。随着摊铺机向前行驶，螺旋布料器输送的混合料就到了熨平装置的夯击锤或振动梁的前缘。先由击实锤或振动梁的夯击或振动，同时将多余的混合料挤走，最后用熨平板熨平。

（2）摊铺宽度的确定

全路幅一次摊铺时，能够节约人工和机械，而且铺筑成型的路面表面均匀一致、平整度好、无纵向施工缝；缺点是易造成离析和压实度不足。分路幅多次摊铺则纵向接缝施工困难大，接缝两侧大料较多，密实度差，而且平整度也难掌握。当采用分路幅多次摊铺时，尽量采用多台摊铺机梯队作业的方式，两台摊铺机的距离以前面摊铺的混合料尚未冷却为度，一般为 5～10m。相邻两幅的摊铺应有 5～10cm 宽度的摊铺重叠。

（3）摊铺机运行应注意的事项

①摊铺机驾驶员应严格按操作规程的要求进行操作，起步应缓慢、平衡，使摊铺工作有个良好的开端。

②利用导向装置沿着指定线位行驶，使外侧边缘与设计的路面边缘吻合，内侧边缘应顺直以利纵向接缝。弯道部分摊铺时应平缓地转向，保证摊铺带边缘圆顺。

③摊铺作业应连续、匀速进行，不间断地进行摊铺，摊铺速度在拌和及时的情况下，可适当放慢。摊铺过程中，摊铺机螺旋送料器要不停顿地运转，两侧测量（铺筑宽度、厚度等）通过计算确定，起步控制在 1～2m/min，正常摊铺速度为 3～4m/min，供料要保持有不少于送料器高度 2/3 的混合料，保证在摊铺机全宽度断面上不发生离析。摊铺中出现拥包，须立即停机，并倒回重新摊铺。与路缘石结合的地方用人工配合平整。

④沥青混合料宜在干燥、暖和的天气铺筑；当气温低于 10℃时不宜施工，下雨时也应停止摊铺。

混合料遇水后，一定不能使用，必须报废，所以雨季施工时要注意千万不能淋雨。底面层摊铺要在左右侧各设一条基准线，控制高程，基准线设置一定要满足精度要求，支座要牢固，测量要准确（应两台水准仪同时观测）。中面层、表面层采用浮动基准梁摊铺（不具备该条件的不准摊铺）。

⑤在摊铺过程中应随时检查摊铺层厚度和路拱横坡，不符合要求时应及时进行调整。

⑥摊铺机摊铺不到的死角，应采用人工摊铺整形。

4. 热拌沥青混合料的压实及成型

热拌沥青混合料的压实应按初压、复压、终压（包括成型）三个阶段进行。沥青混合料压实宜采用钢筒压路机与轮胎压路机或振动压路机组合的方式，压路驱动轮机应以慢而均匀的速度碾压，压路机的碾压速度应符合规定。

（1）初压

碾压路线应从两侧向中央进行，相邻碾压带应重叠轮宽的 1/3～1/2，最后碾压中心部分，压完全幅为一遍，当边缘有挡块、路缘石、路肩等支挡时，应紧靠支挡碾压；初压用 10～12t 的双轮钢筒压路机以 1.5～2.0km/h 的速度碾压 2 遍。碾压时应将驱动轮面向摊铺机，以防产生推移现象；碾压路线及方向不应突然改变，压路机起动、停止时须慢速进行；为防止压路机碾压过程有沥青混合料粘轮现象发生，压路机均安装自动喷水装置，喷洒少量的洗衣粉溶液。初压阶段应及时检查并消除不平、蜂窝、裂纹和拥包等常见的缺陷。

（2）复压

初压形成工作面后，复压即可开始。现场质量人员以插旗的方式划分路面不同的温度段。由于轮胎压路机能调整轮胎的内压，可以得到所需的接触地面压力，使骨料相互咬合，易于获得均一的密实度，而且密实度可以提高 2%～3%，所以复压阶段最好用总重量不小于 15t 的轮胎压路机碾压，碾压速度宜控制在 5km/h 左右，碾压时相邻碾压带应重叠 1/3～1/2 的碾压轮宽度。若采用振动压路机时，倒车时应先停止振动，前进时再开始振动，以免形成鼓包。

复压是碾压过程中最重要的阶段，混合料能否达到规定的密实度，关键在于这阶段的碾压。复压应碾压至稳定无显著轮迹为止，一般不少于 6 遍。

（3）终压

终压紧接在复压后进行，终压应采用双轮钢筒式压路机或关闭振动的振动压路机碾压，目的是消除复压留下的轮迹及其他表面缺陷（终了温度>80℃），一般需 2～4 遍。

压路机不得停留在温度高于 70℃的已经压过的混合料上，同时，应采取有效措施，防止油料、润滑脂、汽油或其他有机杂质在压路机操作或停放期间洒落在路面上。

摊铺和碾压过程中，要组织专人进行质量检测控制和缺陷修复。压实度检查要及时进行，发现不够时在规定的温度内及时补压，在压路机压不到的其他地方，应采用手夯或机夯把混合料充分压实。

5. 接缝处理

沥青混凝土路面的各种施工缝（包括纵缝及横缝）都必须密实、平顺，接缝前其边缘应扫净、刨齐，刨齐后的边缘应保持垂直。

（1）纵缝施工

热接缝：摊铺时采用梯队作业的纵缝应采用热接缝。将已铺筑的沥青混合料留下 10～20cm 不碾压，作为后摊铺的基准面，后摊铺面应与先摊铺面重叠 5cm 左右（在碾压前进行平整）。最后跨缝碾压。

冷接缝：半幅施工不能采用热接缝时，宜加设挡板或采用切刀切齐。铺另半幅前必须将缝边缘清扫干净，并涂洒少量黏层沥青。摊铺时应重叠在已铺层上 5～10cm，摊铺后用人工将摊铺在前半幅上面的混合料铲走。

碾压时，应先在已压实的路面上行走，碾压新铺层 10～15cm，然后逐次向新铺部分移动10～15cm，直至最终完全在新铺路面上碾压，充分将接缝碾压密实。上下层的纵缝应错开15cm以上，表层的纵缝应顺直。

（2）横缝施工

由于工作中断，摊铺材料的末端已经冷却，或者在第二天恢复工作时，就应做成一道横缝。横缝应与铺筑方向大致成直角，严禁使用斜接缝。横缝在相邻的层次和相邻的行程间均应至少错开1m。横缝应有一条垂直的经碾压成的良好的边缘。在下次行程摊铺前，应在上次行程的末端涂刷适量黏层沥青，并注意设置整平板的高度，为碾压留出适当预留量。

横缝的碾压是工作中的重要一环。碾压带的外侧应放置供压路机行驶的垫木，碾压时压路机应位于已压实的混合料层上，伸入新铺层的宽度为15cm。然后每压一遍向新铺混合料移动15～20cm，直至全部在新铺层上为止，再改为纵向碾压。

当相邻摊铺层已经成型，同时又有纵缝时，可先用钢筒式压路机沿纵缝碾压一遍，其碾压宽度为15～20cm，然后再沿横缝作横向碾压，最后进行正常的纵向碾压。

6. 开放交通

热拌沥青混合料路面应待摊铺层完全自然冷却，混合料表面温度低于50℃（石油沥青）或45℃（煤沥青）后开放交通。

三、沥青玛琋脂碎石混合料（SMA）的施工

（一）SMA沥青混合料的拌和

（1）SMA混合料采用沥青拌和并用间歇式拌和设备进行拌制，生产能力≥400t/h。

（2）SMA混合料拌和时间应经试拌确定。沥青材料采用导热油加热，混合料应拌和均匀，所有矿料颗粒全部裹覆沥青。纤维必须在喷洒沥青前加入拌和锅的热集料中，与粗集料进行适当干拌。干拌时间应比普通沥青混合料增加不少于5s，喷入沥青后的混拌时间也应比普通沥青混合料增加5s以上（由试拌确定）。保证纤维能充分均匀地分散在混合料中，并与沥青结合料充分拌和，做到拌和均匀、色泽一致，无结团成块现象。

（3）SMA混合料温度，由于冷矿粉数量的增加，集料烘干温度应适当提高，通常混合料拌和后出料温度控制比普通沥青混合料的出料温度高10℃～20℃。沥青加热温度为160℃～170℃，矿料加热温度为190℃～200℃。沥青混合料出厂温度为175℃～185℃，超过195℃以上的沥青混合料不得使用。

（4）拌和的SMA混合料不立即铺筑时，必须储存在保混的储料仓中，储料应与运输

及摊铺能力保持平衡，有保混设备的储料仓储料时间不得超过 24 小时，贮存期间降温不应超过 10℃，且不得发生结合料老化、滴漏以及粗集料颗粒离析。

（二）SMA 沥青混合料的运输

（1）混合料应采用大吨位自卸车运输，为防止沥青与车箱板黏结，车箱侧板和底板可涂一薄层油水（柴油与水的比例可为 1∶3）混合液，但不得有余液积聚在车箱底部。

（2）运料车应备有篷布等保温、防雨、防污染的措施。

（3）SMA 混合料运输车的运量应比拌和能力或摊铺速度强，施工过程中摊铺机前方应有 3 辆以上自卸车在等候卸料。开始摊铺时，在施工现场等候卸料的运料车不宜少于 5 辆。

（4）运料车在离摊铺机 10～30cm 时以空挡停车，使其由摊铺机推动前进，严禁运料车撞击摊铺机，以确保摊铺的平整度。

（5）SMA 混合料运至摊铺地点后应检查混合料拌和质量，包括现场混度检测及均匀色泽等外观质量。

（6）输送到摊铺机上的混合料温度不应低于 160℃。

（三）SMA 沥青混合料的摊铺

（1）SMA 混合料使用两台热拌沥青混合料摊铺机（摊铺机配备移动式平衡装置）成梯队方式摊铺，摊铺前应检查其下承层的质量，当质量不符合要求时，不得铺筑 SMA 混合料面层。

（2）在摊铺上面层时，摊铺机安装浮动式基准梁，与熨平板的自动控制传感器结合控制混合料的摊铺标高和平整度。

（3）摊铺机的摊铺速度应与沥青混合料拌和楼产量相协调，保证摊铺机匀速不间断摊铺。

（4）摊铺温度比普通沥青混合料的摊铺温度提高 10℃～20℃，不低于 160℃。摊铺速度一般在 3.0～4.0m/min。

（5）摊铺过程中，安排专人及时检查铺筑厚度和外观质量，发现松铺厚度不够、局部离析、拖痕等问题，应及时趁高温进行处理。

（四）SMA 沥青混合料的压实

SMA 混合料内部含有大量沥青玛瑅脂胶浆，黏度大、温度低时很难压实，因而确保摊铺碾压温度尤为重要。

(1) 混合料的碾压按初压、复压、终压三个阶段进行，以“高温、紧跟、高频、低幅”为原则。

(2) SMA 路面碾压宜采用钢轮压路机初压 1～2 遍、复压 2～4 遍、终压 1 遍的组合方式。

(3) 压路机起步、刹车要缓慢，严禁在新摊铺层上转向、调头或停机。

(4) 温度控制：初压温度，不低于 160℃；复压温度，不低于 130℃；终压温度，不低于 120℃。

碾压过程中，压路机应“紧跟慢压”——紧跟摊铺机，缓慢匀速（不超过 5km/h）对路面进行碾压。采用振动压路机时，宜用高频率、低振幅。特别强调的是，在 SMA 面层碾压施工时，还应确保压路机数量充足。初压、复压工作区间严格分开，降低压路机工作区段长度，保证在足够高的温度下进行压实作业。同时也要防止过度碾压，破坏结构内部骨架。

SMA 面层施工切忌使用胶轮压路机或组合式压路机，以防止胶轮压路机或组合式压路机的轮胎将结构部沥青“泵吸”到路表面，使路表失去纹理和粗糙。

（五）SMA 路面接缝处理

(1) SMA 路面接缝处理较常规沥青热拌和料要困难，因而施工中要尽可能避免冷接缝。如不可避免冷接缝，应在施工完毕、路面尚未完全冷却前，用切割机切割好，然后用水将接缝处冲刷干净，继续施工时，涂刷黏层油即可摊铺新混合料施工。

(2) 当采用两台摊铺机时，纵向接缝应采用热接缝，即施工时将已混合料部分留下 10～20cm 宽暂不碾压，作为后铺部分的高程基准面，然后再跨缝碾压以消除缝迹。

(3) 横向接缝应先处理原铺沥青路面，原路面必须消除边缘处压实度不足部分（约 3m），再用切缝机锯齐，形成垂直的接缝面，并用热沥青涂抹，然后用压路机进行横向碾压，碾压时压路机应位于已压实的面层上，错过新铺层 15cm，每压一遍，向新铺层移动 15～20cm，直至全部在新铺层上，再改为纵向碾压。

（六）开放交通

SMA 混合料路面铺完后应待摊铺层完全自然冷却至表面温度低于 60℃以下时，方可开放交通。

第二节　水泥混凝土路面施工技术

一、水泥混凝土路面人工小型机具施工工艺

（一）边模的安装

在摊铺混凝土前，应先安装两侧模板。如果采用手工摊铺混凝土，则边模的作用仅在于支撑混凝土，可采用厚约4～8cm的木模板，在弯道和交叉口路缘处，应采用1.5～3cm厚的薄模板，以便弯成弧形。条件许可时宜用钢模，这样做不仅节约木材，而且能够保证工程质量。钢模可用厚4～5mm的钢板冲压制成，或用3～4mm厚钢板与边宽40～50mm的角钢或槽钢组合构成。

（二）传力杆设置

当两侧模板安装好后，即在需要设置传力杆的胀缝或缩缝位置上设置传力杆。混凝土板连续浇筑时设置胀缝传力杆的做法，一般是在嵌缝板上预留圆孔以便传力杆穿过，嵌缝板上面设木制或铁制压缝板条，其旁再放一块胀缝模板，按传力杆位置和间距，在胀缝模板下部挖成倒U形槽，使传力杆由此通过。

对于不连续浇筑的混凝土板在施工结束时设置的胀缝，宜用顶头木模固定传力杆的安装方法。即在端模板外侧增设一块定位模板，板上同样按照传力杆间距及杆径钻成孔眼，将传力杆穿过端模板孔眼并直至外侧定位模板孔眼。两模板之间可按传力杆一半长度的横木固定。继续浇筑邻板时，拆除挡板、横木及定位模板，设置胀缝板、木制压缝板条和传力杆套管。

（三）制备与运送混凝土混合料

混合料的制备可采用两种方式：一是在工地由拌和机拌制；二是在中心工厂集中制备，而后用汽车运送到工地。

在工地制备混合料时，应在拌和场地上合理布置拌和机和砂石、水泥等材料的堆放地点，力求提高拌和机的生产率。拌制混凝土时，要准确掌握配合比，特别要严格控制用水量。每天开始拌和前，应根据天气变化情况，测定砂、石材料的含水量，以调整拌制时的

实际用水量。每拌所用材料应过秤。量配的精确度对水泥为±1.5%，砂为±2%，碎石为±3%，水为±1%。每一工班应检查材料量配的精确度至少2次，每半天检查混合料的坍落度2次，拌和时间为1.5～2.0min。

混合料用手推车、翻斗车、自卸汽车或搅拌运输车运送。合适的运距视车辆种类和混合料容许的运输时间而定。通常，夏季不宜超过30～40min，冬季不宜超过60～90min。高温天气运送混合料时应采取覆盖措施，以防混合料中水分蒸发。运送用的车箱必须在每天工作结束后，用水冲洗干净。

在中心拌和场地（厂拌）集中拌制时，可由搅拌运输车运送到施工现场进行摊铺。

（四）摊铺和振捣

当运送混合料的车辆运达摊铺地点后，一般直接倒向安装好侧模的路槽内，并用人工找补均匀。要注意防止出现离析现象。摊铺时应考虑混凝土振捣后的沉降量，虚高可高出设计厚度约10%左右，使振实后的面层标高同设计相符。

混凝土混合料的振捣器具，应由平板振捣器（2.2～2.8kW）、插入式振捣器和振动梁（各1kW）配套作业。混凝土路面板厚在0.22m以内时，一般可一次摊铺，用平板振捣器振实，凡振捣不到之处，如面板的边角部、窨井、进水口附近，以及设置钢筋的部位，可用插入式振捣器进行振实；当混凝土板厚较大时，可先插入振捣，然后再用平板振捣，以免出现蜂窝现象。

平板振捣器在同一位置停留的时间，一般为10～15s，以达到表面振出浆水，混合料不再沉落为宜。

（五）筑做接缝

1. 胀缝筑做

先浇筑胀缝一侧混凝土，取出胀缝模板后，再浇筑另一侧混凝土，钢筋支架浇在混凝土内。压缝板条使用前应涂废机油或其他润滑油，在混凝土振捣后，先抽动一下，而后最迟在终凝前将压缝板条抽出。抽出时为确保两侧混凝土不被扰动，可用木板条压住两侧混凝土，然后轻轻抽出压缝板条，再用铁抹板将两侧混凝土抹平整。缝隙上部浇灌填缝料，留在缝隙下部的嵌缝板是用沥青浸制的软木板或油毛毡等材料制成的。

2. 横向缩缝筑做

混凝土结硬后，应适时切缝。切缝时间应控制在混凝土获得足够的强度，而收缩应力并未超出其强度范围时，以防切缝不整齐或出现早期裂缝。一般切缝时间以施工温度与施工时间乘积为200～300个温度小时，或混凝土的抗压强度为0.8MPa时比较合适。

（六）表面整修与防滑措施

混凝土终凝前必须用人工或机械抹平其表面。当用人工抹平时，不仅劳动强度大、效率低，而且还会把水分、水泥和细砂带至混凝土表面，致使它相比下部混凝土或砂浆有较高的干缩性和较低的强度。而采用机械抹面时可以克服以上缺点。目前国产的小型电动抹面机有两种装置：装上圆盘即可进行粗光；装上细抹叶片即可进行精光。

为保证行车安全，混凝土表面应粗糙抗滑。最普通的做法是用鬃刷沿横向在抹平后的表面上轻轻刷毛；也可用金属丝梳子梳成深1～2mm的横槽。近年来，国外已采用一种更有效的方法，即在已硬结的路面上，用锯槽机将路面锯割成深5～6mm、宽2～3mm、间距20mm的小横槽。也可在未结硬的混凝土表面塑压成槽，或压入坚硬的石屑来防滑。

（七）养护与填缝

为防止混凝土中水分蒸发过速而产生缩裂，并保证水泥水化过程的顺利进行，混凝土应及时养护。

填缝工作宜在混凝土初步结硬后及时进行。填缝前，首先将缝隙内泥沙杂物清除干净，然后浇灌填缝料。

埋想的填缝料应能长期保持弹性、韧性，热天缝隙缩窄时不软化挤出，冷天缝隙增宽时能胀大并不脆裂，同时还要与混凝土黏牢，防止土沙、雨水进入缝内，此外还要耐磨、耐疲劳、不易老化。实践表明，填料不宜填满缝隙全深，最好在浇灌填料前先用多孔柔性材料填塞缝底，然后再加填料，这样夏天胀缝变窄时填料不致受挤而溢至路面。

按施工温度分为加热施工式填缝料和常温施工式填缝料两种。加热式施工填缝料有沥青橡胶类、聚氯乙烯胶泥类和沥青玛琋脂类等；常温施工式填缝料有聚氨酯焦油类、氯丁橡胶类、乳化沥青橡胶类等。

二、滑模摊铺机铺筑施工工艺

（一）滑模摊铺工艺流程

水泥混凝土路面滑模施工在我国是一项新型技术。技术要求高、难度大，要求全方位地精心组织施工。

滑模摊铺机施工工艺流程包括地面清理、基础处理、摊铺过程、压路和养护等步骤。

（二）滑模式摊铺水泥混凝土路面施工

1. 基准线设置

（1）一般规定

滑模摊铺水泥混凝土路的施工基准设置有基准线、滑靴、多轮移运支架和搬动方铝管等多种方式。根据我国当前的基层平整度现状，滑模摊铺水泥混凝土路面的施工基准线设置宜采用基准线方式。

（2）基准线形式

基准线设置形式视施工需要可采用单向坡双线式、单向坡单线式和双向坡双线式三种。单向坡双线式基准线的两根基准线间的横坡应与路面一致。单向坡双线式基准必须在另一侧具备适宜的基准，路面横向连接摊铺的横坡应与已铺路面一致。双向坡双线式基准线的两根基准线直线段应平行且间距相等，并对应路面高程，使路拱靠滑模摊铺机调整自动铺成。滑模摊铺机应具备两侧 4 个水平传感器和 1 侧两个方向传感器，沿基准线滑行，摊铺出路面所要求的方向、平面、高程、横坡、板厚、弯道等。

（3）基准线器具

①基准线材料

应使用 3～5mm 的钢绞线，总长度不少于 3km。

②基准线桩具

基准线桩宜使用直径 12mm 的圆钢筋，总高度宜为 120cm，一端打尖，每根桩应配备一个架臂扣和一个夹线臂。架臂扣在基准线桩上可上下移动并固定，使夹线臂可左右移动并固定。基准线桩具不少于 300 套。

③基准线安装器具

紧线器 5 个、固定扳手 2 把、大锤 2 把、水准仪或全站仪 1 台、水准尺 2 杆、钢卷尺 2 把。

（4）基准线的设置

①基准线横向支距

基准线桩固定位置到摊铺面板边缘的横向支距，应根据滑模摊铺机侧模到传感器的位置而定，一般 2～4 履带跨中摊铺，两侧路面边缘宽度宜不小于 1m，最小不得小于 0.65m。基准线上的标高应为其所在位置的路面边缘高程计入支距横坡高度后，加上设定的架设高度。

②基准线横向间距

基准线的横向间距为摊铺宽度加一侧（单线）或两侧（双线）横向支距。双线式基准线的垂直横向线间距应相等，单线式基准线到摊角边缘间距应相等。

③基准线桩纵向间距

平面直线段应小于等于10m，圆曲线段视弯道半径大小，一般可为5～7m。在小半径弯道或山区极小半径回头弯道上，内侧宜加密到2.5～5m，外侧宜为3.5～7m；平面缓和曲线段和纵断面竖曲线段宜为5～10m。实际设置基准线桩距离可小于上述值，但不得大于给定尺寸。

④基准线桩固定

基层顶面到夹线臂的高度宜为45～75cm，自基准线所在位置的路面边缘高程算起的基准线统一架设高度宜为25～50cm。基准线桩夹线臂夹口到桩的水平距离宜为30cm。夹线臂到桩顶垂直距离宜为15cm。基准线桩应牢固打入基层15～25cm。当打入困难时，应采用电钻钻孔后再钉牢固。

⑤基准线长度

一根基准线的最大长度不得大于450m。超过此长度并需要继续摊铺时，应续接基准线，续接方式应通过同一个过渡桩的夹线臂口平顺连接。

⑥基准线张紧

基准线两端应各设一个紧线器，并应偏置在基准线桩外侧30～50cm处。在第一根桩与紧线器之间，应设一根扯线桩，扯线桩的夹臂应低于基准线桩夹线臂，扯线桩应钉牢固，不因弯道水平拉力而倾斜。基准线必须张紧，每侧基准线应施加大于等于1kN的拉力。张紧后基准线上的垂度不应大于1.0mm，基准线应先张紧，再扣进夹线臂槽口。

⑦已铺路面上设置基准线

连接摊铺路面或悬臂式连接摊铺硬路肩路缘石时，在已铺路面上设置基准线，可采用20cm×20cm混凝土底座，锚固基准线桩或使用角钢焊接基准线桩。设置时，每5m插入路面已切割的缩缝槽内，用木楔揳紧，在路面上基准线高度宜用15～30cm。

⑧中央路拱

根据摊铺机的不同，有抛物线和折线路拱两种设置。用在有中央路拱的平曲线及缓和曲线路段。

⑨最小弯道半径和最大纵坡

在山区公路上可施工带超高时，滑模摊铺机的最小弯道半径不应小于50m；带加长侧模板的滑模摊铺机可施工的最小弯道半径不应小于75m，否则应使用其他方式摊铺。摊铺机满负荷施工的最大纵坡上坡宜为5%，下坡宜为6%；施工山区路面的极限纵坡为7%，如果大于7%，应缩窄摊铺，基准线桩桩距应加密到3.5～5m。

（5）基准线精度

施工时宜达到规定值，验收时应满足最大允许偏差值的规定。基准线宜在摊铺前一天完成设置。基准线设置好以后，应进行校核复测，并注意防止弯道和渐变段出现差错。

（6）施工要求

基准线设置好以后，禁止扰动。摊铺时，严禁碰撞和振动。一旦碰撞变位，应立即重新测量设定。基准线接头不得大于1cm。每100m基准线不得多于2个接头。多风季节施工时，应缩小基准线间距。风力达到5～6级时，应停止施工。

2. 混凝土搅拌

（1）搅拌站

搅拌站的配套容量和每台搅拌楼的配套设备应满足本规程要求，水电供应可靠，原材料应充足，最少不得小于当天施工用量。

（2）配料精度

每台搅拌楼在投入生产前，必须通过法定计量部门标定，并试拌正常。在标定有效期满或搅拌楼搬迁安装完毕后，均应重新标定。施工中应经常校验搅拌楼计量精度。滑模混凝土应配备和采用有计算机自动称料和砂含水量自动反馈控制系统的搅拌楼进行生产，不得使用手动配料，禁止使用体重法计量的简易自落滚筒式搅拌机拌和。在搅拌过程中还应打印出每盘或连续称料的配料数据和误差，按需要打印每天（周、旬、月）对应摊铺桩号混凝土配料的统计数据及误差。

（3）外加剂使用

外加剂应以溶液掺加。外加剂溶液浓度应根据配合比试验确定的外加剂掺量计算得出，在间歇搅拌楼上，按所配备的外加剂溶液筒容量和每盘水泥用量计算得出。连续式搅拌应按流量比例控制加入外加剂。加入搅拌锅的外加剂应充分溶解，并防止不同的外加剂溶液因比重不同而分层富集。外加剂溶液应于施工前一天配制好，并在施工中连续不断地搅拌均匀。

（4）拌和质量检验与控制

①施工开始及搅拌过程中都应按规定的频率检验坍落度、坍落度损失、含气量、泌水量、混凝土凝结时间、砂石料含水量及混凝土容重等，并按标准方法预留规定数量的弯拉强度试件。在寒冷或炎热气候下施工，混凝土拌和机出料时的温度应控制在10℃～35℃，并应加测原材料温度、拌和物温度、坍落度损失率和凝结时间等。

②混凝土拌和物应均匀一致，不得有未加水的干料、未拌匀的生料和离析等现象，干料和生料禁止用于路面摊铺。一台搅拌楼每盘之间和其他搅拌楼之间，混凝土拌和物的坍

落度允许误差为±1cm。试拌及滑模摊铺时的坍落度，应按最适宜滑模摊铺的坍落度值加上当时气温下运料所耗时间的坍落度损失值确定。在雨天或阵雨后，应按砂石料实际含水率及时微调加水量。

（5）最短搅拌时间

应根据拌和物的黏聚性（熟化度）、均质性及强度稳定性由试拌确定最短搅拌时间。一般情况下，单立轴式搅拌机总拌和时间为 80～120s；双卧轴式搅拌机总拌时间为 30～35s；连续式（双锅）搅拌楼的最短搅拌时间不得少于 40s，最长搅拌时间不宜超过高限值 2 倍。在保证拌和物质量的前提下，应科学编制搅拌计算机程序，合理压缩搅拌时间，以增加滑模混凝土的产量。

3. 混凝土运输

（1）一般规定

应根据施工进度、运量、运距及路况，按照本规程的规定配备车型和车辆总数。总运力应比总拌和能力略有富余。

（2）运输时间

运输到现场的混凝土拌和物的坍落度有所损失，但必须适宜滑模摊铺。摊铺完毕允许最长时间，应根据气温及摊铺现场拌和物达到规定的工作性能历时确定，并宜短于拌和物的初凝时间 1h。运输允许最长时间宜短于摊铺允许最长时间 0. 5h。

（3）运输技术要求

①运送混凝土的车辆，在装料时，应防止混凝土离析，每装一盘料应挪动一下车位，卸料落差高度不得大于 2m。驾驶员必须了解拌和物的运输、摊铺完毕的允许最长时间，超过摊铺允许最长时间的混凝土不得用于路面摊铺。混凝土一旦在车内停留超过初凝时间，应采取紧急措施处理，防止混凝土硬化在车箱内或车罐内。

②混凝土运输过程中要防止漏浆、漏料和污染路面。烈日、大风、雨天和冬季施工时，应遮盖自卸车上的混凝土。运输车辆在每次装混凝土前，均应将车箱清洗干净并洒水湿润。

③使用翻斗车运输混凝土时，最大运输距离不宜超过 20km，超过时，宜采用搅拌罐车运输混凝土。

4. 钢筋安装和混凝土布料

（1）钢筋安装技术要求

滑模摊铺钢筋混凝土路面、桥面、双层钢筋网桥头搭板及连接胀缝支架，在布料时，钢筋网和支架刚度均必须焊接加强。

①单层钢筋混凝土路面的钢筋网应有4～6根/m^2焊接支架钢筋。

②在铺装桥面钢筋网之前，应先焊接梁之间的横向连接钢筋，并不应小于3根/延米，后安装锚固钢筋，再将钢筋网与锚固钢筋焊接，数量应为4～6根/m^2。层间剪应力大处(如梁端）取大值，剪应力小处（如跨中）可取小值。

③桥头搭板或通道上部双层钢筋网，应焊接环形箍筋，数量不少于4～6根/m^2。

④搭板端部钢筋必须与胀缝钢筋支架相焊接，焊接点不应少于4个/m。

⑤钢筋混凝土路面和桥面单层钢筋网、桥头搭板双层钢筋网，及连接胀缝钢筋支架的两侧宽度应小于摊铺宽度3cm，纵向工作缝与后铺的横向连接路面，应采用侧向加密拉杆形式。桥面钢筋网横向钢筋应连续。双车道摊铺的桥面板或搭板中间均不插拉杆，不切纵缝，使钢筋网整体连续。桥面板宜在反弯矩部位切缝，并用接缝钢筋补强。斜交桥涵的变形板全部在钢筋混凝土搭板上调整，锐角加密焊接钢筋网补强。滑模施工的水泥混凝土路面均宜为矩形板，并取消边缘和角隅补强钢筋。

（2）混凝土布料技术要求

①滑模摊铺普通水泥混凝土路面，必须有专人指挥车辆均匀卸料。滑模摊铺时，机前的最高料位高度不得高于松方控制板上缘，料位的正常高度应在螺旋布料器叶片上缘以下，亦不得缺料。

②采用布料机施工，松铺系数应视坍落度大小由试铺确定，当坍落度为1～5cm时，松铺系数宜为1.08～1.15；坍落度为3cm时，松铺系数宜控制在1.1左右。布料机与滑模摊铺机之间的施工距离应控制在5～10cm。热天日照强，风大，取小值；阴天，湿度大，无风，可取大值。

③采用布料机以外的布料方式摊铺钢筋混凝土路面、桥面或搭板时，禁止任何机械直接开上钢筋网。宜在钢筋外侧使用挖掘机或吊斗均衡卸料布料，也可使用便桥板凳加吊车汽车直接卸料或挖掘机布料，但均不得缺料。

5. 滑模摊铺混凝土路面修整

（1）摊铺过程中的修整

滑模摊铺机应采用自动抹平板装置进行抹面，以消除表面气孔和石子移动带来的缺陷。自动抹平板的压力不可过大，应随摊铺的纵坡变化随时调整。适宜的抹平板压力是路面不出现影响平整度的“W”形砂浆棱。对表面上少量局部麻面和明显缺料部位，应在挤压板后或搓平梁前，最迟在抹平板前表面补充适量砂浆，由搓平梁和抹平板机械修整。

（2）路面硬化后的修整

如果混凝土路面已硬化，发现施工接头或局部平整度不满足要求时，要在水泥混凝土路面摊铺后 3～10d 内，用最粗级磨头的水磨石机研磨到规定平整度。

6. 混凝土路面养护

（1）养护方式选择

混凝土板抗滑构造软拉制作完成后应立即养护。滑模摊铺水泥混凝土路面宜采用喷洒养护剂及保湿覆盖的方式养护。在雨季或养护用水充足的情况下，也可采用覆盖砂、旧麻袋、草袋、草帘、稻草等洒水湿养护方式。不宜使用围水养护方式。昼夜温差大的地区，路面摊铺后 3d 内宜采取覆盖保温措施，防止发生裂缝和断板。

（2）养护剂养护

水泥混凝土路面采用喷洒养护剂养护时，养护剂喷洒剂量、成膜厚度、适宜的喷洒时间应通过现场试验确定。喷洒养护剂的厚度应足以形成完全封闭的薄膜；喷洒应均匀，成膜厚度应一致；喷洒后的表面不得有颜色差异；喷洒时间宜在表面混凝土泌水完毕后进行；喷洒高度宜控制在 0.5～1m。除喷洒上表面外，面板两侧也应喷洒。单独采用一种养护剂时，保水率应达到 90%以上，一般不应小于 300mL/m^2 原液，也可采用两种养护剂喷洒两层或喷一层养护剂再加覆盖。当水泥混凝土路面泌水较多时，应延迟喷洒养护剂时间，待泌水基本结束后再喷洒养护剂。

（3）盖塑料薄膜养护

盖塑料薄膜的时间，以不压坏细观抗滑构造为准。薄膜厚度（韧度）应合适，宽度应大于覆盖面 60cm。两条薄膜对接时，搭接宽度不应小于 40cm，薄膜在路面上应加细土或砂盖严实，并防止被钢筋刮烂及被风吹破或掀走。养护期间应始终保持薄膜完整，薄膜破裂时应立即补盖或修补。

（4）覆盖洒水湿养护

使用麻袋、草袋等覆盖物养护，应及时洒水，在任何气候条件下，均应保证覆盖物底部在养护期间始终处于潮湿状态，并由此确定每天洒水遍数。

（5）养护时间

养护时间应根据混凝土弯拉强度增长情况而定，当大于等于设计弯拉强度的 80%时，可停止养护。一般养护天数宜为 14～21d，不应少于 14d。掺粉煤灰的水泥混凝土路面，最短养护时间不宜少于 28d。

（6）养护期保护

混凝土板在养护期间和填缝前，严禁人、畜、车辆通行，在达到设计强度 40%，撤除养护覆盖物后，行人方可通行。在路面养护期间，如行人、牲畜、畜力车、人力车、汽车确需横穿平面道口，应搭建临时便桥。

7. 冬季和夏季施工

（1）冬季施工

根据施工工地的气温条件，当室外平均气温连续5天低于5℃时，混凝土板应按冬季施工进行。

（2）夏季施工

①因温度过高，促使夏季施工混凝土中水分蒸发过快，再加上水泥的水化易出现干缩裂缝。因此，当室外气温在30℃～35℃时，混凝土板应按夏季施工进行。

②混凝土混合料运输时应加以遮盖，尽可能缩短运输和施工时间。浇筑前对基层表面和模板进行洒水湿润；浇筑完毕后及时覆盖，加强洒水养护。

③搅拌站加设遮阴棚和挡风设施，以减少水分蒸发。

④气温高时尽量避开中午施工，可以夜间进行施工，防止因温度影响而引起缩裂。

⑤遇雨应停止施工，并对终凝前的混凝土面层采取防雨保护措施。

第四章 桥梁下部结构施工

第一节 基础施工

一、浅基础施工

（一）基坑开挖前的准备

基坑开挖与自然条件较密切，应充分了解工程周围环境与基坑开挖的关系。在确保基坑及周围环境安全的前提下，合理确定施工方案，准确选用支护结构。

（1）了解工程地质及水文地质条件。在施工前应掌握工程地质报告，对基坑处的地质构造、土层分类及参数、地层描述、地质剖面图及钻孔柱状图应充分了解。

（2）工程周围环境调查。基坑开挖会引起周围地下水位下降，地表沉降会对周围建筑物、管线及地下设施带来影响，因此在基坑开挖前，应对周围环境进行调查，采取可靠措施，将基坑开挖对周围环境的影响控制在允许的范围内。

（3）浅基础地基施工前，应对基坑边坡进行稳定性验算，并制订专项施工方案和安全技术方案。若基坑开挖需爆破，爆破作业的安全管理应符合现行国家标准的规定。

（4）基坑开挖时应对其边坡的稳定性进行验算，对于开挖深度超过 5m 的特大型深基坑，除按照边开挖、边支护的原则开挖外，在施工开挖之前，应编写专项的边坡稳定监测方案。

（5）基坑的定位放样。在基坑开挖前，测量放样人员根据施工技术人员提供的基坑开挖边线尺寸及位置，计算出基坑边线控制点坐标，采用全站仪或 GPS 放样出基坑的开挖范围。

（二）引截地表水

基坑开挖前应先做好地面排水系统，在基坑坑顶外缘四周向外设置排水坡或设置防水梁，在适当距离处设截水沟，应采取防止水沟渗水的措施，避免影响坑壁稳定。在雨季施工过程中，特别注意地表水的截流，防止基坑大规模进水。

（三）基坑开挖

1. 无支护开挖

当基坑所处区域土质条件较好，无水或少量地下水，基坑深度较浅，施工期较短，基坑开挖不影响邻近建筑物安全时，可采用无支护形式对基坑进行开挖，并尽量在少雨季节施工。

（1）开挖形式的选择

常见的无支护基坑坑壁形式有垂直坑壁、斜坡和阶梯形坑壁、变坡度坑壁 3 种。天然含水量接近最佳含水量、构造均匀、不致发生坍滑、移动或不均匀下沉土质的基坑开挖，可采取垂直坑壁的形式。

坑壁边缘应留有护道，静荷载距基坑边缘不小于 0.5m；动载时，坑顶缘与动载间应留有大于 1m 的护道。如地质、水文条件不良或动载过大，应进行基坑开挖边坡检算，根据检算结果确定采用增宽护道或其他加固措施。

基坑穿过不同土层时，坑壁边坡可按各层土质采用不同坡度。当下层土质为密实黏性土或岩石时，下层可采用垂直坑壁。在坑壁坡度变化处可视需要设不少于 0.5m 宽的平台。

（2）土石方开挖

根据地质情况可采用人工、半机械和机械等开挖方法。对于岩石基坑，必要时可进行松动爆破结合人工开挖；对于各种大、中、小桥基础工程，首选采用机械进行开挖，条件困难时可选用风镐、铁镐等工具开挖。采用机械开挖时，基底应留 20～30cm 土层改为人工开挖，避免机械施工时扰动基底土层。

2. 支护开挖

（1）基坑支护的形式

当基坑壁坡不易稳定并有地下水渗入，或放坡开挖场地受到限制，或基坑较深、放坡开挖工程数量较大，不符合技术经济要求时，可采用坑壁有支护的基坑。常用的支护形式有排桩、重力式挡墙及地下连续墙。

（2）重力式水泥土挡土墙

重力式水泥土挡土墙是以水泥、石灰等材料为固化剂，利用深层搅拌机械强制搅拌或者高压喷射注浆法，水泥浆和软土之间发生一系列的物理反应和化学反应，使软土硬结成整体桩，充分利用原位土，形成重力式挡墙，从而提高基坑壁的稳定性；同时，因为水泥土的渗透系数比较小，因此可兼作止水帷幕。重力式水泥土挡土墙适用于淤泥、淤泥质土、地基承载力标准值小于 120 kPa 的黏性土和粉性土等软地层区域，开挖深度小于或等于 7.0m 和周边环境保护要求较低的基坑工程，基坑开挖深度为 4～6m 时最为经济合理，基坑开挖深度比较大和对周围环境保护要求较高的工程要谨慎使用。对于有机质含量高、pH 值小于 7，初始抗剪强度低的土，以及土中包含伊利石、氯化物、水铝英石等矿物，或者地下水具有较强的侵蚀性时，加固效果比较差。

（3）排桩

排桩支护结构是将桩体按照一定的距离，或者咬合排列形成的支护挡土结构，常用的有钢板桩、钢筋混凝土排桩、钢筋混凝土板桩，而其中钢筋混凝土桩常用钻孔灌注桩、人工挖孔桩和预制桩等。

排桩支护结构适用于中等深度的基坑工程，深基坑工程中可以采用排桩+内支撑或排桩+锚杆的形式，用支撑或锚杆增加支护结构的整体稳定性，控制位移变形。与地下连续墙支护结构相比，排桩支护结构具有施工工艺简单、成本较低、布置灵活的优点，但是整体性和止水抗渗性不好。

（4）地下连续墙

地下连续墙是在基坑开挖之前，在地面上采用专用的挖槽机械，沿着基坑的周边，按照事先设计的轴线，在泥浆护壁条件下开挖出一条狭长的深槽，清槽后，在槽内吊放钢筋笼，然后用导管法灌注水下混凝土筑成一个单元槽段，如此逐段进行。在地下沿着基坑四周筑成一道连续钢筋混凝土墙壁，作为截水、防渗、承重、挡水的结构。其主要适用于深度不小于 10m 的基坑。

地下连续墙作为基坑支护结构有如下优点：施工时振动小、噪声小，墙体刚度大，对周边地层扰动小；可适用于多种土层，除夹有孤石、大颗粒卵砾石等局部障碍物时影响成槽效率外，对黏土、无黏性土、卵砾石层等各种地层均能高效成槽。

（四）基坑排水与降水

1. 集水明排

集水明排是在基坑开挖过程中，沿坑底周围开挖排水沟，在排水沟最低处设置集水井，基坑底、排水沟底与集水井底应保持一定的水流坡度，使水流入集水井，然后用水泵将集水井的水抽出基坑外。除了发生严重的流砂情况外，一般情况下均可采用集水明排的方式排水。

2. 井点法降水

井点法降水适用于粉、细砂或地下水位较高、挖基较深、坑壁不易稳定和普通排水方法难以解决的基坑，通常有轻型井点降水法、喷射井点降水法、电渗井点降水法、水平井点降水法和管井井点降水法等。在公路工程桥梁浅基础施工中常用轻型井点降水。

轻型井点降水系统是沿基坑四周以一定间距埋入井点管至地下含水层内，井点管的上端通过连接管与总管相连接、利用抽水设备将地下水从井点管内不断抽出，使原有地下水位降至坑底以下不小于50cm。该系统主要由井点管、连接管、集水总管和抽水设备等组成。

轻型井点布置应根据基坑平面的大小与深度、土质、地下水位高低与流向、降水深度等要求确定，一般有单排、双排和环形布置等方式。井点管间距一般选用0. 8m、1. 2m 和1. 6m 3 种，井点管距离基坑边缘应大于1. 0m，以防漏气，影响降水效果。

井点降水应在基坑开挖前3～5d 投入运行，在施工过程中要不断地抽水，保持降水效果，直至基础施工完成并回填土为止，并按要求在井点降水范围内设置水位观测井以观测降水效果。

3. 土石方开挖

土石方开挖应根据支护结构设计、降水排水要求，分层、分块、对称、均衡地开挖，分块开挖后必须及时施工支撑。当上层支撑未达到设计要求时，严禁向下超挖土方。

开挖过程中，必须采取措施防止开挖机械等碰撞支护结构、降水井点或扰动基底原状土。当开挖揭露的实际土层性状或地下水情况与设计依据的勘察资料明显不符，或出现异常现象、不明物体时，应停止开挖，在采取相应措施后方可开挖。

（五）基坑检验及清理

1. 岩层

在未风化的岩层上修筑基础时，应先将岩面上松碎石块、淤泥、苔藓等清除干净，凿出新鲜岩面，表面应清洗干净；倾斜岩层应将岩面凿平或凿成台阶，以免基础滑动；在风化岩层上建筑基础时，开挖基坑宜尽量不留或少留坑底富余量，将基础圬工填满坑底，封闭岩层。

2. 碎石类或砂类土层

应将其修理平整，砌筑基础时，先铺一层稠水泥砂浆。

3. 黏性土层

铲平坑底时，应尽量保持其天然状态，不得用回填土夯实。必要时可夯入一层厚10cm以上的碎石层，碎石层顶面应略低于基底设计标高。处理完后，尽快砌筑基础，不得暴露过久，以免土面风化松软，致使土的强度显著降低。

4. 泉眼

应用堵塞或排除的方法处理。对水流较小的泉眼，可用木塞、圆木包缠麻袋打入泉眼或向泉眼挤速凝水泥砂浆等封堵；对水流大的泉眼，可用塑料管、钢管等塞入泉眼将水引入集水坑排出，待基础完成后，再用速凝砂浆封堵。

基底检验后报请设计院进行地质确认，经设计院确认基底承载力能满足设计要求后，应尽快进行基础施工，尽量缩短基坑暴露时间。基底检查时如发现土质与设计不符，应按照相关程序进行设计变更，由设计院提出相应处理措施。

（六）基础施工

基础施工常采用组合钢模板就地浇筑混凝土施工，施工中注意防止模板胀模、跑模及爆模，对桥墩（桥台）预埋钢筋保证其位置准确，对大体积混凝土工程采取必要的保温或降温措施。其施工质量控制，参照一般钢筋混凝土结构施工要求执行即可。

（七）浅基础施工控制要点

模板支立后应具有足够的强度、刚度和稳定性，具有能够承受新浇筑混凝土的侧压力及施工中可能产生的各项荷载的能力。采用优质胶带粘贴模板接缝，防止接缝处漏浆。混凝土开仓前必须对模板的高程、垂直度、平面位置进行校对，核对无误后方可进入下一道工序。

高温期浇筑混凝土前，应做好充分准备，备足施工设备，保证连续进行浇筑。混凝土从搅拌机到入模的时间及浇筑时间要尽量缩短，并尽快开始养护。混凝土浇筑宜选在一天温度较低的时间内进行。应加快混凝土的收光速度。收光时，可用喷雾器喷少量水防止表面裂纹，但禁止直接往混凝土表面洒水。混凝土浇筑前应将模板喷水润湿，浇筑宜连续进行。

混凝土终凝后，用浸湿的草袋或草帘覆盖，再覆盖薄膜，保持潮湿状态最少7d。混凝土洒水养护时，也可拆模后将混凝土表面洒水湿润，立即采用双层薄膜覆盖，保湿养生。夏季施工混凝土保湿养护安排专人负责，质检员至少每日检查一次。各工点必须制作混凝土养护标牌。混凝土浇筑完毕后，在养护标牌上注明开始养护时间、结束时间，保证养护效果。

二、桩基础施工

（一）预制沉入桩施工

1. 施工准备

（1）确定沉入施工方法

沉入桩的沉桩方法有锤击沉桩法，振动沉桩法，射水法、静力压桩法。

锤击沉桩法是以桩锤的撞击力撞击预制桩头，将桩打入地下土层中的施工方法，一般适用于中密砂类土、软塑和可塑的黏性土。由于锤击沉桩依靠桩锤的冲击能量将柱打入土中，因此桩径不能太大，一般土质中桩径不大于60cm，桩的入土深度也不能太深，一般土质为20～30m，否则对打桩设备要求较高，且打桩效率低。该法施工时产生较大的噪声和振动，会受到一定的环境限制。

振动沉桩法是用振动打桩机（振动桩锤）将桩打入土中的施工方法，一般适用于砂质土、硬塑及软塑的黏性土和中密及较松散的碎、卵石类土。该法施工也可用于拔桩，噪声较小、施工速度快，不会损坏桩头，不用导向架也能打进，移位操作方便，但需电源功率大。

射水法是利用小孔喷嘴以0.3～0.5MPa的压力喷射水，使桩尖和桩周围土层松动，同时桩在自重作用下下沉的方法。该法很少单独使用，常与锤击或振动法联合使用。方法的选择应视土质情况而异。在砂夹卵石层或坚硬土层中，一般以射水为主，锤击或振动为辅；在亚黏土或黏土中，为避免降低承载力，一般以锤击或振动为主，以射水为辅，并应适当控制射水时间和水量；下沉空心桩时，一般用单管内射水。

静力压桩法是在松软地基中，用液压千斤顶或桩头加重物以施加顶进力，将桩压入土层中的施工方法，一般适用于高塑性黏土或砂性较轻的亚黏土层。该法施工时产生的噪声和振动较少，桩头不易损坏，不仅可以施工直桩，也可施工斜桩，但机械的拼装、移动等均需要较多的时间。

（2）相关技术工作

①沉桩前应处理空中和地面上下的障碍物，平整场地或搭设支架、平台，做好准备工作。

②在旱地打桩时，只需将打桩设备移动范围内的地面整平、夯实，再铺设垫木、钢轨及简单脚手架。在浅水中打桩时，先打脚手桩，组成桩排架再搭设工作平台。在深水中，则需拼组打桩船在船上打桩。设置脚手桩时，都应留出桩位。桩位根据墩（台）的纵横中

心线测定并做出标志；水中的桩位须用导框控制。

③打桩前应合理安排打桩顺序，安排打桩顺序时要考虑两个问题：一是尽量减少桩架移动距离；二是考虑打桩时，土壤被挤紧和隆起，致使后续的桩不易打下去，特别是桩数多、间距小时，问题更严重。因此，当基坑较小、土质密实时，应由中间向两端进行；当基坑较大、桩数较多时，应分段进行。

④编制施工组织设计、施工工艺设计和工序质量控制设计；编制作业指导书和操作规程；制订安全、质量保证及防治措施；组织技术交底和技术培训。

⑤对地质复杂的大桥、特大桥，为检验桩的承载能力和确定沉桩工艺应进行试桩。用于地下水有侵蚀性的地区或腐蚀性土层的钢桩，应按照设计要求做好防腐处理。

2. 桩架组立

桩架可在地面上拼组后，再用吊车以及桩架本身的起吊设备将其竖立起来，也可逐节向上拼组。桩架竖立好后应按规定设平衡重，再拉好缆风绳，保持桩架稳定。

3. 吊桩、插桩

当桩架组立好后即可吊桩、插桩，吊点应符合规定，各吊点必须同时受力。插桩时要对准桩位，做到桩位、桩中心线及锤中心线在同一直线上，然后徐徐放下桩锤，利用锤重把桩压入土中，开打时应慢打低击，随着桩入土深度的增加逐渐加大锤击力量。打桩过程中应有专人负责填写打桩记录。

4. 打桩

（1）正式打桩前，在桩位或附近地质相同地点先试桩。施工阶段的试桩，主要是确定施工工艺、选定施工机具设备及检验桩的承载力等。

（2）打桩选择桩锤时，应根据桩的类型、桩重、桩的设计承载力、土质及施工动力设备等因素，综合考虑选取桩锤重量。桩锤太轻，桩难以打下，效率低，还可能将桩头打坏，所以应按“重锤轻击”的原则选锤和确定落距。

（3）打桩顺序

①密集群桩采用隔桩或隔行跳打，或隔行且隔桩跳打，以利于土中水压力消散。

②先打中部桩，再向两侧推进。在邻近建筑物时，应从接近建筑物的一端向另一端推进。

③在斜坡上打桩，应从地面较高一侧向低侧推进。

（4）垂直度控制

当桩尖进入土层 500mm 后，用经纬仪调整桩机桩架处于垂直位置，然后再调整首节桩的垂直度（经纬仪一般架设在距桩机 15m 以外），使桩架与桩身保持平行，其精度误差小于桩长的1%（首节管桩插入地面时的垂直度偏差不得超过0.5%），即可沉桩，并在沉桩过程中进行跟踪监测，指挥桩架保持精度。如果超差，必须及时调整，但需保证桩身不裂，必要时拔出重插应尽可能拔出桩身，查明原因，排除故障，以沙土回填后再进行施工。不允许采取强扳的方法进行快速纠偏，否则可能将桩身拉裂、折断。

（5）打桩遇到岩层或孤石的处理

①当基岩面倾斜时，应提出修改设计建议，选择不同长度的桩，满足打到基岩面的深度要求。

②遇到土中夹大石块时，可以采用钻孔穿透石块，然后再打桩。施工填土时，应将大石块解小，避免影响打桩。

③桩尖接近基岩时，应控制锤的落距，防止将桩打坏。

④当桩接近倾斜岩层或孤石而出现桩身倾斜时，应将桩拔出重打。

（二）钻孔灌注桩基础施工

1. 施工准备

钻孔灌注桩施工前，施工技术人员应按照技术管理的相关规定，对施工图纸进行认真识读，重点把控相应工点的桩数、桩长、桩基及桩位，对不同类型的桩基配筋图进行区分，最好能够对各部位桩基做详细的分析并记录。

2. 施工场地平整

钻孔前，测量放样出钻孔作业工作场地范围，并进行必要的场地准备工作及平面布置工作。其内容包括：

（1）场地为旱地时，应清除杂物，换除软土，整平、夯实；

（2）场地为陡坡时，可用枕木、型钢等搭设工作平台；

（3）场地为浅水时，宜采用筑岛施工，筑岛面积应根据钻孔方法、设备大小等要求确定；

（4）场地为深水或淤泥较厚时，应搭设工作平台。平台必须牢固、稳定，能承受工作时所有的静、动荷载，并保证施工机械能安全进出。

如水流平稳，水位升降缓慢，全部工序可在船舶或浮箱上进行，但必须锚固稳定，桩位准确。如流速较大，但河床可以整理平顺，可采用钢桩或钢丝网水泥薄壁浮式沉井，就位后灌水下沉至河床然后在其顶部搭设工作平台，在其底部安设护筒；某些情况下，可在钢板桩围堰内搭设钻孔平台。

3. 桩基放样

利用全站仪或GPS通过坐标法对桩基进行放样，放样时应放出桩位中心桩同时打入标示桩，在标示桩四周 5m 范围内沿桩中心呈“十”字形引出 4 个护桩来控制桩位。单桩护桩采用 3cm×3m 木桩，桩顶钉钉，高度 80cm，埋入地下 45cm，并用砂浆或素混凝土保护。测量完成后，向测量监理工程师报检，经监理检验合格后进入下一步施工。

4. 埋设钢护筒

护筒的作用：固定钻孔位置；开始钻孔时对钻头起导向作用；保护孔口，防止孔口土层坍塌；隔离孔内孔外表层水，并保持钻孔内水位高出施工水位，以产生足够的静水压力稳固孔壁。

护筒制作要求坚固、耐用、不易变形、不漏水、装卸方便和能重复使用。一般用木材、薄钢板或钢筋混凝土制成，护筒内径应比钻头直径稍大，旋转钻须增大 0.1～0.2m，冲击钻或冲抓钻增大 0.2~0.3m。

护筒埋置过程中，采用十字护桩复核护筒中心，人工进行调整，调整好后，护筒四周采用黏土回填，并人工夯实。护筒埋设完成后，测量班对桩位中心进行复测，并记录护筒实测顶面高程，计算设计孔深。

5. 泥浆制备

在钻孔过程中，为了防止坍孔，常采用高稠度的泥浆对孔壁进行保护。泥浆由水、黏土（膨润土）和添加剂［羧甲基纤维素、CMC 及纯碱（Na_2CO_3）］组成，它具有浮悬钻渣、冷却钻头、润滑钻具、增大静水压力，并有在孔壁形成泥膜、隔断孔内外渗流、防止坍孔的作用。

调制的钻孔泥浆及经过循环净化的泥浆，应根据钻孔方法和地层情况采用不同的性能指标。泥浆稠度应视地层变化和操作要求，灵活掌握。泥浆太稀，排渣能力小，护壁效果差；泥浆太稠，会削弱钻头冲击功能，降低钻进速度。

对大直径或超长钻孔灌注桩，泥浆选择应根据钻孔的工程地质情况、孔位、钻机性能、泥浆材料条件等确定。

6. 钻孔

根据井孔中土（钻渣）的取出方法不同，常用的方法有螺旋钻孔、正循环回转钻孔、反循环回转钻孔、潜水钻机钻孔、冲抓钻孔、冲击钻孔、旋挖钻机钻孔等。在公路工程中，常采用冲击钻孔、旋挖钻机钻孔、正循环回转钻孔及反循环回转钻孔。

7. 钻孔弃渣处理及泥浆外运

（1）钻渣外运

旋挖钻机等钻孔机械挖出的渣土不能直接随地倾倒，应运至设计的弃渣场堆放。若渣土是湿泥状态，无法直接装车运走，必须转运至工地临时存土场晾晒后再倒运出工地。临时堆存场的渣土，应使用人工配合装载机、挖掘机打齐堆放并用黑色网覆盖，防流失、防扬尘。

（2）泥浆外运

钻进、清孔及灌注过程中产生的废浆，应采用全封闭的罐式运输车及时外运至指定的处理场地，不得随地倾倒污染环境。废弃的泥浆可采用物理、化学及生物等方式处理，处理时不得污染环境及影响居民生活。

8. 成孔检查

（1）孔径和孔形检测

孔径检测在桩孔成孔后，下钢筋笼前进行。孔径及孔形检查通常采用检孔器进行检查。检孔器采用直径不小于 20mm 的螺纹钢筋制作。内部每 1.5m 设置一道加劲箍筋，加劲箍筋上焊接十字钢筋固定。

检测时将检孔器吊起，孔中心与起吊钢绳保持一致，慢慢放入孔内，检孔器靠自重下沉，不借助其他外力顺利下至孔底，不停顿，证明钻孔符合规范及设计要求，如不能顺利下至孔底，则用钻机进行扩孔处理。

（2）孔深和孔底沉渣检测

钻孔深度=护筒顶部标高-设计桩底高程，孔深和孔底沉渣采用测绳和标准锤检测。测锤一般采用锥形锤，锤底直径 13～15cm，高 20～22cm，质量 4～6kg，挂在测绳上，利用测锤自重锤击检查。测绳采用钢尺进行校核，浇筑混凝土前检查孔底沉渣厚度，要求厚度不大于 5cm，严禁采用加深钻孔深度方法代替清孔。

9. 清孔

钻孔作业过程中，通常需要稠度大、比重大的泥浆，而大稠度的泥浆会黏结在钢筋上影响结构受力。在灌注水下混凝土过程中，大稠度的泥浆会导致孔底沉渣过厚，也会增加灌注阻力和灌注难度，因此在吊放钢筋笼前需要将孔内泥浆进行稀释，以使孔底沉渣厚度、泥浆液中含浮土量符合质量要求和设计要求，即清孔。

常用的清孔方法有换浆法、抽浆法、掏渣法及喷射清孔法等，应根据设计要求、钻孔方法、机具设备和土质条件决定。其中抽浆法清孔较为彻底，适用于各种钻孔方法的灌注桩。对于孔壁易坍塌的钻孔，清孔时操作要细心，防止塌孔。

10. 水下混凝土灌注

水下混凝土一般采用导管法灌注。将导管居中插入离孔底 30～50cm 处（不能插入孔底沉积的泥浆中），导管上口接漏斗，在接口处设隔水栓，以隔绝混凝土与导管内泥浆接触。在漏斗中储备足够数量的混凝土后，瞬间放开隔水栓，储备的混凝土连同隔水栓在重力作用下瞬间向孔底猛落，这时孔内水位骤涨外溢，说明混凝土已灌入孔内。当落下足够数量的混凝土时，则将导管内的水全部压出，并使导管下口埋入孔内混凝土 1～1.5m 深，保证钻孔内的水不可能重新流入导管。

（1）灌注施工要点

①混凝土配合比应通过试验确定，须具备良好的和易性，坍落度宜为 180～220mm。

②首批混凝土数量应能满足导管首次埋置深度（≥1.0m）和填充导管底部的需要。

③首批混凝土拌和物下落后，混凝土应连续灌注，导管埋置深度宜控制在 2～6m。

④为防止钢筋骨架上浮，当灌注的混凝土顶面距钢筋骨架底部 1m 左右时，应降低混凝土的灌注速度。当混凝土拌和物上升到骨架底口 4m 以上时，提升导管，使其底口高于骨架底部 2m 以上，即可恢复正常灌注速度。

⑤灌注过程中，应始终保持导管埋入混凝土内 2～6m，上提及拆除导管前均应先准确测量混凝土面的高程，以防止将导管提出混凝土灌注面。

⑥灌注的桩顶高程应高出设计高程 0.5～1.0m，确保桩头浮浆层凿除后桩基混凝土达到设计强度。

⑦灌注桩的实际浇筑混凝土量不得小于计算体积。灌注过程中应做好施工记录。

（2）施工中易出现的问题及预防和处理方法

①钢筋笼上浮

是指灌注桩在浇筑混凝土时钢筋笼上浮。

原因分析：混凝土在进入钢筋笼底部时浇筑速度太快；钢筋笼未采取固定措施。

防治措施：当混凝土上升到接近钢筋笼下端时，应放慢浇筑速度，减小混凝土面上升的动能作用，以免钢筋笼被顶托而上浮。当钢筋笼被埋入混凝土中有一定深度时，再提升导管，减少导管埋入深度，使导管下端高出钢筋笼下端有相当距离时再按正常速度浇筑，在通常情况下，可防止钢筋笼上浮。此外，浇筑混凝土前，应将钢筋笼固定在孔位护筒上，也可防止上浮。

②断桩

断桩是成桩后，经探测，桩身局部没有混凝土，存夹泥层或截面断裂的现象，是最严重的一种成桩缺陷，直接影响结构基础的承载力。

原因分析：混凝土坍落度太小、骨料太大、运输距离过长、混凝土和易性差致使导管堵塞，疏通堵管再浇筑混凝土时，中间就会形成夹泥层；计算导管埋管深度时出错，或盲目提升导管，使导管脱离混凝土面，再浇筑混凝土时，中间就会形成夹泥层；钢筋笼将导管卡住，强力拔管时，使泥浆混入混凝土中；导管接头处渗漏，泥浆进入管内，混入混凝土中；混凝土供应中断，不能连续浇筑，中断时间过长，造成堵管事故。

预防措施：混凝土配合比应严格按照有关水下混凝土的规范配制，并经常测试坍落度，防止导管堵塞；严禁不经测算盲目提拔导管，防止导管脱离混凝土面；钢筋笼主筋接头要焊平，以免提升导管时，法兰挂住钢筋笼；浇筑混凝土应使用经过检漏和耐压试验的导管；浇筑混凝土前应保证混凝土搅拌机能正常运转，必要时应有一台备用搅拌机。

治理方法：当导管堵塞而混凝土尚未初凝时，可吊起导管，再吊起一节钢轨或其他重物在导管内冲击，把堵管的混凝土冲散或迅速提出导管，用高压水冲掉堵管混凝土后，重新放入；当断桩位置在地下水位以上时，如果桩的直径较大（一般在 1m 以上），可抽掉桩孔内泥浆，在钢筋笼的保护下，人下到桩孔中，对先前浇筑的混凝土面进行凿毛处理并清洗钢筋，然后继续浇筑混凝土；当断桩位置在地下水位以下时，可用直径较原桩直径稍小的钻头，在原桩位处钻孔，钻孔至断桩部位以下适当深度时，重新清孔，并在断桩部位增设一节钢筋笼，笼的下半截埋入新钻的孔中，然后继续浇筑混凝土；当导管被钢筋笼挂住时，如果钢筋笼埋入混凝土中不深，可提起钢筋笼，转动导管，使导管脱离，如果钢筋笼埋入混凝土中很深，只好放弃导管；灌注桩因严重塌方而断桩或导管拔出后重新放入导管时均形成断桩，是否需要在原桩外侧补桩，需经检测后与有关单位商定。

③桩身混凝土质量差

是指桩身出现蜂窝、空洞、夹泥层或级配不均。

原因分析：浇灌混凝土时未边灌边振捣，使桩身混凝土不密实；浇灌混凝土时或上部放钢筋笼时，孔壁土坍落在混凝土中，造成桩身夹泥；混凝土配合比坍落度掌握不严，下料高度过大，混凝土产生离析造成桩身级配和强度不均匀。

防治措施：浇灌混凝土时应边灌边振捣；浇灌混凝土时或上部放钢筋笼时，注意不要碰撞土壁，造成土体坍落；认真控制混凝土的配合比和坍落度，浇灌混凝土时设置串筒下料，防止混凝土产生离析现象，使混凝土强度均匀。

11. 桩后压浆

钻孔灌注桩施工工艺决定了其桩体周围会存在泥皮和桩底存在沉渣。桩体周围泥皮和桩底沉渣的存在，会影响灌注桩的单桩承载力，造成工程沉降及增加工程造价。为了解决上述问题，通常采取桩后压浆技术进行处理。

桩后压浆包括桩底压浆和桩侧压浆，其施工原理是以注浆泵将配制的水泥浆加压输入桩身内预埋管，通过桩底或桩侧注浆管注入周围介质。桩底注浆时通过渗入（粗粒土）和劈裂（细粒土）作用，注入桩底沉渣和周围一定范围的土体中，并在桩土软弱界面上扩大至桩底以上 10～20m 甚至更大的范围。桩侧注浆时，浆液通过渗入和劈裂注入注浆点以上的桩土界面一定范围内的土体中。注浆压力根据地层性质和深度确定，风化岩压力最高，软土压力最低。限于本书篇幅，本节不再详述桩底及桩侧后压浆相关内容，请参考规范学习。

（三）人工挖孔桩施工

1. 平整场地，测量定位

施工前，平整场地，铲除松软土层并夯实，施测孔桩十字线，桩孔位置定位，设置护桩并经常检查校核。孔口四周挖排水沟，做好排水系统，及时排出地表水，搭好孔口雨棚，安装提升设备，布置好出渣道路，合理堆放材料和机具，孔口四周 2m 范围内不得堆放水泥杂物。孔口四周设护栏，高度 80～100cm，防止土、石、杂物及人员落入孔内。

在场地三通一平的基础上，依据建筑物测量控制网的资料和基础平面布置图，测定桩位轴线方格控制网和高程基准点。确定好桩位中心，以中点为圆心，以桩身半径加护壁厚度为半径画出上部的圆周。撒石灰线作为桩孔开挖尺寸线，桩位线定好之后，必须经有关部门复查，办好预验手续后开挖。

2. 井孔开挖

（1）开挖顺序

为保证两施工孔桩净距大于 4.5m，非咬合桩段采用跳 4 孔开挖，咬合桩段采用跳孔开挖。

（2）开挖方法

人工开挖。土层挖孔作业采用人工逐层开挖，由人工逐层用镐、锹进行，遇坚硬土层用锤、钎或空压机风镐破碎。

水磨钻开挖。当施工时遇到坚硬岩层，且没有条件开展爆破施工时，可采用水磨钻通过钻取岩心的方式开挖地层。

爆破开挖。对于硬质岩石地层，一般采用爆破施工。由于人工挖孔桩入岩爆破施工时，自由面狭小、作业面较深、岩石的夹制力较大，加之孔口处受土层的影响护壁质量较差、抗震能力小，所以挖孔桩入岩爆破一般采用小直径浅孔微差爆破。

爆破参数应根据爆破的挖孔桩直径，岩石的物理力学性能，岩石的风化程度，岩石的结构组分、内聚力、裂隙性，特别是岩石的变形性和动力特性及所用炸药的性能来确定。

（3）主要开挖机具

挖掘工具：以铁锹、铁镐、铁锤、钢钎、风镐等简易轻便工具为主，必要时配备水磨钻及民用爆破器材。

出土工具：由机架、电动葫芦及活底吊桶组成。机架采用型钢焊成的简易门式机架，其上安置单轨电动葫芦。起重工具采用链式电动葫芦，起吊能力为10 kN，吊放深度根据桩长选择。铰链处设有自动限位防坠装置，承重吊链的破坏拉力不小于60 kN。

降水工具：孔内设集水坑，采用大扬程的潜水泵抽水。

照明工具：孔内照明采用低压防水照明灯具。

通风工具：采用1.5 kW的鼓风机，配以直径为10cm的塑料送风管，向孔内送风不小于25 L/s。

混凝土护壁模板：采用钢模板。

人员上下：采用吊挂式软爬梯。

水平运输：手推车运至临时堆土场，然后用自卸汽车弃运。

（4）开挖控制要点

井孔开挖自上而下逐层进行，挖土次序为先挖中间部分后挖周边。挖至地下水位时，在孔内挖集水井，设小型潜水泵将水排至场地排水沟内，集水井随挖土加深而加深。随着挖孔加深，及时安装通风、照明、通信等设备。

挖孔达到设计标高后，进行孔底处理，使孔底平整、无松渣淤泥及沉渣，嵌入岩层符合设计要求。经监理工程师检查合格后应马上封底，安放钢筋笼，灌注桩身混凝土。

当遇到流动性淤泥或流砂时，可采取以下措施：减少每节护壁高度（可取0.3～0.5m）即挖即护；采用钢护筒施工，在井孔内设高1～2m、厚4mm钢套护筒，直径略小于混凝土护壁内径，利用混凝土护壁作支点，用小型油压千斤顶将钢护筒逐渐压入土中，阻挡流砂，钢套筒可一个接一个下沉，压入一段即开挖一段桩孔，直至穿过流砂层，再转入正常挖土和设混凝土支护；采用注浆加固措施，在桩四周预先注入水泥、水玻璃双液浆止水加固土体后，再进行开挖和支护施工；采用上述方法仍无法施工时，即迅速用砂回填桩孔到能控制坍孔为止，防止周围地面下沉及塌孔，并速报有关部门及设计单位处理。

3. 护壁施做

（1）地质较差部分应采用钢筋混凝土护壁，地质较好部分可采用素混凝土护壁。

（2）为防止桩孔壁塌方，确保安全施工，成孔应设置护壁，其种类有长钢套管和现浇混凝土两种。现浇钢筋混凝土护壁与土壁能紧密结合，稳定性和整体性能均佳，且受力均匀，可以优先选用。当桩孔直径不大，深度较浅而土质又好、地下水位以上的土层，也可以采用喷射混凝土护壁。

（3）为防止塌孔和保证施工安全，根据设计要求，孔桩采用混凝土护壁支护，人工填土层中每节高0.6m，其他土层中每节护壁高0.8m。护壁厚100mm，C20混凝土内配ϕ6@300钢筋。为了便于混凝土浇筑，护壁做成锥形，上口宽150～200mm，下口宽100mm。

护壁施工采取一节组合钢模板拼装而成，拆上节支下节，循环周转使用，模板用 U 形卡连接，上下设两半圆组成的钢圈顶紧不另设支撑，混凝土用吊桶运输人工浇筑，从第二节护壁模板开始，上部留 100mm 高作浇筑口，拆模后用混凝土堵塞。正常温度下 24 h 后即可拆模。

（4）灌注护壁混凝土时，可用敲击模板或用木棒反复插捣。不得在桩孔水淹没模板的情况下灌注护壁混凝土。发现护壁有蜂窝、漏水现象应及时加以堵塞或导流，防止孔外水通过护壁流入桩孔内。同一水平面上的孔圈两正交直径误差不宜大于 50mm。

（5）在第一节混凝土护壁上设十字控制点，每一节设横杆吊大线坠作中心线，用水平尺杆找圆周。控制桩径偏差在+50～-50mm 内。

（6）每节桩孔护壁做好以后，必须将桩位十字轴线和标高测设在护壁的上口，然后用十字线对中，吊线坠向孔底投设，以半径尺杆检查孔壁的垂直平整度。随之进行修整，孔深必须以基准点为依据，逐根进行引测。保证桩孔轴线位置、标高、截面尺寸满足设计要求。

4. 成孔检验

挖至设计标高，终孔后应清除护壁上的泥土和孔底残渣、积水，并对桩身直径、扩大头尺寸、孔底标高、桩位中线、井壁垂直、虚土厚度进行全面测定，做好施工记录，办理隐蔽验收手续。当挖至设计标高时，应及时通知相关部门对孔底土质进行鉴定，孔底不应有积水，终孔后应及时清理孔壁上的淤泥和孔底残渣积水，进行隐蔽工程验收合格后，应立即封底浇筑混凝土。

5. 灌注桩基混凝土

由于人工挖孔桩一般是干作业成孔，因此可采用串筒+人工振捣或注水方法进行水下混凝土灌注。

第二节　承台施工

一、一般陆地承台施工

（一）桩头凿除

1. 测量放样

采用水准仪逐桩进行高程测量，找出设计凿除位置，然后在凿除处标示出环向切割线。

2. 环向切割

采用手持式混凝土切割机沿着标示线环向切割混凝土，切割深度控制在 3～5cm，避免伤及主筋。

3. 凿除保护层混凝土

在设计凿除位置环向切缝切割完成后，在桩顶环切线上部 5～10cm 位置再切一刀环切缝，在 2 道环切缝中间用风镐小心地凿出一条环形槽（此为控制凿桩质量的关键步骤），槽宽 5～10cm，深度以找出主筋为标准，在设计桩顶处形成一条保护隔离带，彻底消除破除桩头时混凝土裂纹向下延伸的可能。

用风镐沿桩头自上而下、由外向内进行，凿出 V 形槽剥离混凝土，保证逐根声测管和钢筋剥离，但不得损坏声测管及钢筋。

4. 切断桩头及吊离

钢筋剥离后，在切缝线以上 1～2cm，沿桩头四周，每根桩均匀布置 12～15 个孔位，采用风镐打孔，打孔深度为桩径的 1/5。打入时尽量对称水平打入，以保证断裂面保持在同一水平面。钻孔完成后，插入楔形钢钎，加钻顶断或大力敲击楔断桩头。桩头与桩身分离后，采用吊车将桩头吊离，起吊过程中尽量避免损坏钢筋。

5. 修整桩头

桩头吊离后，在断裂面会有部分位置凹凸不平整，应进行人工凿除处理，将桩头残余混凝土进行凿除打磨，确保桩顶面平整、密实。采用低应变检测的桩基，按照检测要求打磨相应检测点位。

（二）桩基检测

1. 检测范围及频率

公路工程基桩应进行 100%的完整性检测。重要工程的钻孔灌注桩应埋设声测管，检测的频率应符合相关规定。

2. 检测内容及方法

桥梁桩基检测包括基桩的承载力和完整性检测两项主要内容。基桩承载力检测包括单桩竖向抗压承载力、单桩竖向抗拔承载力和单桩水平承载力检测。桩身完整性检测是判定桩身截面尺寸的相对变化、桩身材料的密实性和连续性。

（1）低应变反射波法

低应变反射波法是假设所要检测的桩基桩长远远大于桩的孔径，并且整个桩基是等截面各项同性的一维梁体，在此理论基础上，用振动仪对桩基的桩顶位置进行激振，这样荷载致使整个桩身与周围土体产生振动，并通过桩基本身的应变计将桩基振动的加速度和速度传递给仪器。

如果桩基本身具有扩径、缩径、断桩等差异性界面，那么弹性波在传播的过程中就会出现反射，通过传感器对声波进行过滤放大，之后将数据通过波动理论进行分析，研究桩土之间动态响应，然后进行反演分析实测出来的速度信号、频率信号，从而达到判断桩基本身质量以及桩基本身的长度。低应变反射波法，其检测速度快、检测方便、检测范围广，被广泛应用于工程实践。

（2）声波透射法

声波透射法也是目前较为常用的一种方法，主要原理是根据声波在不同传播介质中所表现出来特性的差异，来判断桩基质量的好坏。由于混凝土本身材料的不均匀性，桩基本身就会产生不同声阻抗声学界面，这样声波在混凝土桩基传播时，就会沿着不同阻抗界面进行传播，大量声波能量散射，从而衰减也较快。在声波传播过程中，混凝土界面上就会产生诸多折射波和散射波，大量的折射波与散射波相互叠加之后就会导致声能散失。当遇到混凝土桩基本身有超大缺陷时，其声波的传播路线就不会是直线，而是绕着缺陷进行传播。这时声波传播的路径要比直线传播的距离长，从而体现声学参数上的声时也就变大了，然后通过两声测管的测距与声时进行计算，这样就会得到声速由于声时的变大而变小的结论。另外，由于声波在遇到缺陷桩基混凝土截面时会发生多次反射、折射等现象，声波的声能会逐渐衰减，波幅与频率都会变小。这样，直线传播的声波与通过缺陷桩基的声波相互叠加，整个波形就会发生畸变。工程实际检测就会通过相应参数和工程实践经验相结合进行判定。

（3）钻孔取芯法

钻孔取芯法是桩基检测采用较早的一种方法，严格看来，钻芯法属于有损检测的范围，其工作过程是利用人工钻头对混凝土桩进行钻芯取样，判断桩基本身的长度、桩基本身混凝土的剥落情况、混凝土强度以及桩底沉渣厚度等，从而为桩基承载力验收提供依据。

采用钻芯法检测桥梁桩基的主要特点是检测周期长、成本高，仅适用于桥梁桩基局部判断，类似于桥梁桩基断桩、离析、桩底夹泥等病害检测，要求检测人员需有较强的专业能力和实践经验，并且钻芯法无法检测桩基本身存在缩径等微小缺陷情况。

3. 检测报告

检测报告应用词规范，结论明确。其内容应包括工程概况、岩土工程勘察、检测技术及方法、桩位平面布置图、测试曲线、检测结果汇总表、结论及评价等。

（三）大体积混凝土施工

1. 温度控制标准

（1）大体积混凝土的养护，应根据气候条件采取温控措施，并按需要测定浇筑后的混凝土表面和内部温度，将温差控制在设计要求的范围内，当设计无要求时，温差不宜超过25℃。

（2）在混凝土结构中布置冷却水管，混凝土终凝后开始通水冷却降温。设计好水管流量、管道分布密度和进水温度，使进出水温差控制在10℃左右，水温与混凝土内部温差不大于20℃。

（3）混凝土浇筑后应按照规定覆盖并洒水进行养护。当气温急剧下降时须注意保温，并应将混凝土内外温差控制在25℃以内。

2. 常用的温控措施

（1）原材料及配合比设计

大体积混凝土在选用原材料和进行配合比设计时，应按照降低水化热温升的原则进行，并应符合下列规定：

①宜选用低水化热和凝结时间长的水泥品种。粗集料宜采用连续级配，细集料宜采用中砂。宜掺用可降低混凝土早期水化热的外加剂和矿物掺合料，外加剂宜采用缓凝剂、减水剂；掺合料宜采用粉煤灰、矿渣粉等。

②进行配合比设计时，在保证混凝土强度、和易性及坍落度要求的前提下，宜采取改善粗集料级配、提高掺合料和粗集料的含量、降低水胶比等措施，减少单方混凝土的水泥用量。

③大体积混凝土进行配合比设计及质量评定时，可按60d龄期的抗压强度控制。

（2）施工控制措施

大体积混凝土施工前应制订专项施工技术方案，并应对混凝土采取温度控制措施。

大体积混凝土的浇筑、养护和温度控制应符合下列规定：

①施工前应根据原材料、配合比、环境条件、施工方案和施工工艺等因素，进行温控设计和温控监测设计，并应在浇筑后按该设计要求，对混凝土内部和表面的温度实施监测和控制。对大体积混凝土进行温度控制时，应使其内部最高温度不大于75℃、混凝土内部和表面温差不大于25℃。

②大体积混凝土可分层、分块浇筑，分层、分块的尺寸宜根据温控设计要求及浇筑能力合理确定；当结构尺寸相对较小或能满足温控要求时，可全断面一次浇筑。

③分层浇筑时，在上层混凝土浇筑前应对下层混凝土的顶面做凿毛处理，且新浇混凝土与下层已浇筑混凝土的温差宜小于 20℃，并应采取措施将各层间的浇筑间歇期控制在 7d 以内。

④分块浇筑时，块与块之间的竖向接缝面应平行于结构物的短边，并应在浇筑完成拆模后按施工缝的要求进行凿毛处理。分块施工所形成的后浇段，应在对大体积混凝土实施温度控制且其温度场趋于稳定后方可浇筑；后浇段宜采用微膨胀混凝土，并应一次浇筑完成。

⑤大体积混凝土的浇筑宜在气温较低时进行，但混凝土的入模温度应不低于 5℃。热期施工时，宜采取措施降低混凝土的入模温度，且其入模温度不宜高于 28℃。

⑥大体积混凝土的温度控制宜按照“内降外保”的原则，对混凝土内部采取设置冷却水管通循环水冷却，对混凝土外部采取覆盖蓄热或蓄水保温等措施进行。在混凝土内部通水降温时，进出口水的温差宜不大于 10℃，且水温与内部混凝土的温差宜不大于 20℃，降温速率宜不大于 2℃/d；利用冷却水管中排出的降温用水在混凝土顶面蓄水保温养护时，养护水温度与混凝土表面温度的差值应不大于 15℃。

⑦大体积混凝土采用硅酸盐水泥或普通硅酸盐水泥时，其浇筑后的养护时间不宜小于 14d，采用其他品种水泥时不宜小于 21d。在寒冷天气或遇气温骤降天气时浇筑的混凝土，除应对其外部加强覆盖保温外，还宜适当延长养护时间。

二、水中承台施工

（一）围堰施工的一般规定

围堰的作用主要是防水和围水，有时还起着支承施工平台和基坑坑壁的作用。公路桥梁常用的围堰类型有土围堰、土袋围堰、钢板桩围堰、套箱围堰、双壁钢围堰。围堰的结构形式和材料应根据水深、流速、地质情况以及通航要求等条件确定。但不论采用哪种围堰，均需满足以下要求：

1. 围堰高度应高出施工期间可能出现的最高水位（包括浪高）0. 5～0. 7m。

2. 围堰外形一般有圆形、圆端形（上、下游为半圆形，中间为矩形）、矩形、带三角的矩形等。围堰外形直接影响堰体的受力情况，必须考虑堰体结构的承载力和稳定性。围堰外形还应考虑水域的水深，以及因围堰施工造成河流断面被压缩后，流速增大引起水流对围堰、河床的集中冲刷和对航道、导流的影响。

3. 堰内平面尺寸应满足承台施工的需要。

4. 围堰要求防水严密，减少渗漏。

5. 堰体外坡面有受冲刷危险时，应在外坡面设置防冲刷设施。

（二）土围堰

土围堰是采用黏性土、粉质黏土或砂质黏土等材料填筑而成，其施工方便、速度快、效率高，但挡水能力较弱，通常应用于水深小于1.5m、流速小于0.5m/s、河边浅滩、河床渗水性较小的区域。

土围堰的施工工艺流程为：围堰结构设计→河床清淤→填土→边坡防护。在施工过程中应注意以下几点：

1. 填土应自上游开始至下游合龙。

2. 筑堰前，必须将筑堰部位河床上的杂物、石块及树根等清除干净。

3. 堰顶宽度可为1～2m。机械挖基时不宜小于3m。堰外边坡迎水流一侧坡度宜为1∶2～1∶3，背水流一侧可在1∶2内。堰内边坡宜为1∶1～1∶1.5。内坡脚与基坑边的距离不得小于1m。

（三）土袋围堰

1. 围堰两侧用草袋、麻袋、玻璃纤维袋或无纺布袋装土堆码。袋中宜装不渗水的黏性土，装土量为土袋容量的1/2～2/3。袋口应缝合。堰外边坡为1∶0.2～1∶0.5。围堰中心部分可填筑黏土及黏性土芯墙。

2. 堆码土袋，应自上游开始至下游合龙。上下层和内外层的土袋均应相互错缝，尽量堆码密实、平稳。

3. 筑堰前，堰底河床的处理、内坡脚与基坑的距离、堰顶宽度与土围堰要求相同。

（四）钢板桩围堰

施工中最常用的防护类型为板桩围堰，钢板桩围堰是最常用的一种板桩围堰。钢板桩是带有锁口的一种型钢，其截面有直板形、槽形及Z形等，有各种大小尺寸及联锁形式。常见的有拉尔森式、拉克万纳式等。

其优点是：强度高，容易打入坚硬土层；可在深水中施工，必要时加斜支撑成为一个围笼；防水性能好；能按需要组成各种外形的围堰；施工工艺较为成熟，施工速度快；可多次重复使用以降低使用成本等。因此，被广泛应用于修建桥梁深水基础时的围堰工程。

（五）钢吊箱围堰

钢吊箱围堰属于非着床型钢围堰，一般适用于承台底面高于河床面的深水基础施工。

钢吊箱围堰由底板、侧板、内支撑和吊挂系统四大部分组成，其作用是通过吊箱围堰侧板和底板上的封底混凝土围水，为承台施工提供无水的干处施工环境。

钢吊箱围堰的施工工艺流程主要是：桩基施工完成→吊箱围堰拼装→起吊下沉装置拼装→整体下沉至设计高程→封底或喇叭口堵漏→抽水施工承台。

施工要点如下：

1. 吊箱围堰为有底围堰，底板按照桩基钢护筒的竣工资料开孔，以便吊箱能顺利下至设计标高。

2. 桩基础施工完成，下放围堰到达设计标高，若通过预埋在桩基础上的立柱支承和固定围堰（预埋立柱支撑顶面高差不得大于 3mm），则预埋立柱要考虑承受围堰抽水后的上浮力（不考虑封底混凝土作用）及混凝土浇筑时的竖向荷载，所以预埋立柱应有足够强度、刚度及预埋深度；在桩顶预埋立柱的施工方案应事先征得设计方同意。也可采取延长桩基钢护筒或其他支撑、固定围堰的办法。

3. 吊箱围堰设置封底混凝土进行围堰底止水时，封底混凝土的厚度计算参照套箱围堰封底混凝土计算方法。不设置封底混凝土的吊箱围堰，其底板结构刚度及强度必须足够，以保证承受抽水后的水浮力及混凝土浇筑时的竖向力，其堵漏可采取水下不离析混凝土封住底板喇叭口。

4. 吊箱围堰拼装好后，要进行必要的检测及水密试验，以确保围堰各连接部位密贴不漏水。

5. 在水中用止水材料对围堰底板与桩基础之间的空隙进行堵漏，或在围堰内浇筑水下混凝土封底进行堵漏，然后将水抽干，使围堰内处于无水状态施工承台混凝土。

（六）双壁钢围堰

双壁钢围堰施工是通过现场预制节段，整体托运至设计位置下沉，灌注双壁间混凝土施工工法。双壁钢围堰采用双层面板加内部支撑结构，承担水压力、桩基钻孔荷载，适用于深水基础围护，根据所在河床标高、最高施工水位等要求专门设计，其强度、刚度、稳定性必须满足设计规范及施工要求。

施工要点如下：

1. 双壁钢围堰应做专门设计，其承载力、刚度、稳定性、锚锭系统及使用期等应满足施工要求。

2. 双壁钢围堰应按设计要求在工厂制作，其分节分块的大小应按工地吊装、移运能力确定。

3. 双壁钢围堰各节、块拼焊时，应按预先安排的顺序对称进行。拼焊后应进行焊接质量检验及水密性试验。

4. 钢围堰浮运定位时，应对浮运、就位和灌水着床时的稳定性进行验算。尽量安排在能保证浮运顺利进行的低水位或水流平稳时进行，宜在白昼无风或小风时浮运。在水深或水急处浮运时，可在围堰两侧设导向船。围堰下沉前初步锚锭于墩位上游处。在浮运下沉过程中，围堰露出水面的高度不应小于 1m。

5. 就位前应对所有锚绳、锚链、锚锭和导向设备进行检查调整，以使围堰落床工作进行，并注意水位涨落对锚锭的影响。

6. 锚锭体系的锚绳规格、长度应相差不大。锚绳受力应均匀。边锚的预拉力要适当，避免导向船和钢围堰摆动过大或折断锚绳。

7. 准确定位后，应向堰体壁腔内迅速、对称、均衡地灌水，使围堰落床。

8. 落床后应随时观测水域内流速增大而造成的河床局部冲刷，必要时可在冲刷段用卵石、碎石垫填整平，以改变河床上的粒径，减小冲刷深度，增加围堰稳定性。

9. 钢围堰着床后，应加强对冲刷和偏斜情况的检查，发现问题及时调整。

10. 钢围堰浇筑水下封底混凝土前，应按照设计要求进行清基，并由潜水员逐片检查合格后方可封底。

11. 钢围堰着床后的允许偏差应符合设计要求。当作为承台模板用时，其误差应符合模板的施工要求。

第三节　桥墩台施工

一、桥梁墩台类型

（一）桥墩类型

1. 按结构形式划分

（1）实体墩

实体墩又称“重力式墩”，是依靠自重保持稳定的桥墩，它的整体性和耐久性好。实体墩的墩身常用抗压强度高的石料砌筑或混凝土浇筑，其自重大、体积大，在公路工程桥梁中应用较少。

（2）薄壁墩

薄壁墩指用钢筋混凝土制作的实体薄壁桥墩或空心薄壁桥墩。实体薄壁桥墩适用于中小跨径桥梁。空心薄壁桥墩多用于大跨径桥和高桥墩桥。

（3）柱式墩

柱式墩指在基础上浇筑混凝土单柱或双柱、多柱所建成的墩，在柱之间设横系梁以增加刚度。

2. 按建筑材料划分

按建筑材料分有石砌墩台、混凝土墩台和钢筋混凝土墩台。

3. 按施工工法划分

（1）现浇桥墩

现浇桥墩是在桥墩设计位置进行模板安装、钢筋绑扎及浇筑混凝土等一系列工序形成的，也是目前桥梁普遍采用的施工方法。

（2）装配式桥墩

装配式桥墩台是近年来出现并不断推广的施工方法，将墩台分节分段预制后运输至施工现场组装施工，其建桥速度快、施工质量好，适用于山谷、工地干扰多、施工场地狭窄、缺水与砂石供应困难的地区。

（二）桥台类型

桥台指的是位于桥梁两端并与路基相连接的支承上部结构和承受桥头填土侧压力的构造物，是在岸边或桥孔尽端介于桥梁与路堤连接处的支承结构物，它起着支承上部结构和连接两岸道路，同时还要挡住桥台背后填土的作用。

桥台具有多种形式，主要分为重力式桥台、轻型桥台、框架式桥台、组合式桥台、承拉桥台等。在公路桥梁上广泛采用 U 形桥台、一字形桥台和桩柱式桥台。

二、双圆柱墩施工

（一）墩柱施工

1. 桩顶浮浆凿除施工

墩柱施工前要对桩基桩头进行处理，对墩柱轮廓线范围内的桩顶面（承台顶面）混凝土全部凿毛（包括钢筋保护层范围内）。待桩混凝土强度不小于 10MPa 时，采用人工手持风镐凿除桩顶（承台顶）的浮浆。经过凿毛处理后的混凝土表面，用压力水冲洗干净，使表面保持湿润但不积水。浇筑墩柱混凝土时，按照规范要求铺一层1～2cm厚1∶2同等级水泥砂浆。有系梁的桩直接在桩系梁顶准备墩柱施工。

2. 测量放样

墩柱测量放样前进行图纸交底，详细对墩柱所在的曲线要素、高程位置、分次浇筑高度进行交底。测量数据经过不少于2人进行复核计算，计算无误后由测量组在桩基上放出墩柱中心十字线，然后利用十字线控制桩点，根据十字交叉法定出墩柱模板位置的控制线，弹出墨线。

3. 施工脚手架搭设

采用钢管脚手架在墩柱周边搭设施工作业平台脚手架，钢管脚手架基础进行平整夯实处理，立杆及横杆间距经过设计计算确定，搭设严格按有关规定及标准执行，确保脚手架刚度及稳定性，并设置安全网。

为便于施工人员上下操作，搭设“之”字形斜道。斜道附着外脚手架设置，宽度不小于1m，坡度采用1∶3；拐弯处设置平台，其宽度不小于斜道宽度；斜道两侧及平台外围均设置栏杆及挡脚板，栏杆高度为1.2m，挡脚板高度为200mm，并用合格的密目式安全网封闭。

4. 钢筋制作与安装

钢筋采用钢筋成型机集中制作。钢筋、机械连接器、焊条等的品种、规格和技术性能，符合国家现行标准规定和设计要求。受力钢筋同一截面的接头数量、搭接长度、焊接和机械接头质量，符合施工技术规范要求。

5. 模板安装与支撑

模板应根据设计图纸的尺寸，统一在预制厂家订购，并根据实际需要配置一定数量不同长度模板。每节采用两块模板围成。拼缝处采用螺栓固定，横竖向法兰螺栓均要拧紧，保证模板的整体性，使模板在吊装过程中不变形。

模板的安装与拆卸均由吊车完成，在正式安装前需在现场进行试拼工作。拼装前要仔细检查模板的规格型号、平整度和光洁度，并涂刷脱模剂，不符合要求的模板不能使用。

模板在现场预拼检验合格后进行整体吊装、安装，模板安装前需检验模板底口地面平整度满足要求，并对第一层模板进行找平。

墩柱模板安装时重点控制模板的平面位置、高程、倾斜度及错台。平面位置采用全站仪或GPS进行定位；墩柱高程定位采用检定过的钢尺进行，先用悬挂钢尺水准测量的方法测定，再以控制网为基准用三角高程间接法，对墩身标高进行复核；倾斜度用经纬仪精确控制，浇筑混凝土前进行校核；模板节面之间设置一道双面胶条，防止浇筑施工中浆液串漏，保证模板错台小于 1.0mm。

模板拼装完成后，安装 4 根钢丝绳作为缆风绳，上端拉住模板，下端固定在地面上的预埋钢筋桩上，然后利用全站仪进行复测。在测量组的指挥下，调节缆风绳上的松紧螺栓使模板垂直，最后用脚手架钢管撑紧模板，以保证稳定。

6. 混凝土浇筑

混凝土应采用搅拌站集中拌制，混凝土运输车运送至施工现场，汽车泵泵送入模或卸料至料斗，通过吊车吊起经串筒滑落入模，插入式振捣器人工插捣密实。

混凝土应严格控制施工配合比、坍落度。混凝土浇筑方式为水平分层浇筑，每层厚度不超过 300mm，每层混凝土在前一层混凝土初凝前浇筑和振捣，以防损害先浇的混凝土，同时避免两层混凝土表面间脱开，形成明显接缝。振动棒移动距离不大于 20cm，且插入下层混凝土内 5～10cm。浇筑时先沿钢筋笼周围仔细振捣，直至混凝土停止下沉，不再冒出气泡，表面平坦、泛浆为止，使砂浆紧靠模板以使表面光滑，无水囊、砂眼或蜂窝。振捣中振捣器与模板间保持 5～10cm 的距离，并避免与钢筋接触。

7. 拆模、养护

当混凝土终凝以后，开始洒水养护，每天由专人利用高压喷水对墩柱进行喷水养生，每天养生次数根据天气及气温情况确定，以保证墩柱处于湿润状态为准。拆除模板时的强度按浇筑混凝土时同期制作的试件做抗压试验确定。利用汽车吊拆除模板，拆除过程中尽量少用人工撬动。

模板拆除以后，可在墩顶设置养护桶确保混凝土表面长时间内保持潮湿，并用薄膜覆盖养生，养生期不少于 7d。

8. 特别注意事项

（1）模板严格按照设计尺寸制作，每 3 节模板用全站仪精确测定墩位一次，上下模板间连接螺栓螺帽要上足、拧紧。

（2）垫块相互错开、梅花形分散设置在钢筋与模板之间，垫块在结构或构件侧面和底面所布设的数量为 4 个/m^2，重要部位可适当加密。

（3）垫块与钢筋必须绑扎牢固，且其绑丝的丝头不能进入混凝土保护层内。

（4）混凝土浇筑前，对垫块的位置、数量和紧固程度进行检查，不符合要求时及时处理，保证钢筋保护层厚度满足设计要求。

（二）盖梁施工

1. 支撑体系施工

（1）落地支撑

落地支撑施工法又称为“支架施工法”，主要适用于墩身高度较低且有条件搭设满堂式脚手架的施工区域，施工时所有临时设施重量及盖梁重量，均由支架传至中系梁或地系梁和地面承受。

（2）悬空支撑

悬空支撑施工法通常适用于墩身较高、地基条件较差或因其他原因难以进行支架法盖梁施工的情况。悬空支撑按照其结构又分为摩擦抱箍桁架支撑、摩擦抱箍钢梁支撑、抗剪钢锭钢梁支撑及墩旁托架。这几种方法在实际施工中均有使用，其中抱箍支撑和抗剪钢锭支撑使用最为广泛。

2. 安装底模

盖梁底模一般采用定型钢模板铺设于底模支架上，底模与横担之间以勾头螺栓连接。施工前用全站仪在支架平台上精确放出盖梁底板尺寸大样。铺设底模时，用水平仪调整底模高程，用木方与横梁之间的木楔调整底模高程直至符合设计要求。待调整完底模中心线和高程后，质检员检查验收，报请监理工程师验收直至合格。

3. 钢筋加工及安装

盖梁底模安装结束经验收合格后，开始进行钢筋安装。盖梁钢筋可采用整体或逐片骨架吊装的方式安装，采用吊车吊运至盖梁底模上。在底模上按常规施工方法绑扎安装成型，与墩柱钢筋以电焊加固，用地锚拉线调整相应位置后固定，松开拉线。

如盖梁顶部设置支座垫石，则需根据横纵中线在钢筋骨架顶面放出支座垫石预埋筋位置及其他附件位置，进行支座垫石钢筋焊接安装。钢筋间距必须符合设计和施工规范的要求，不符合要求的要加以调整直至符合。

4. 安装侧模

盖梁侧模一般采用组合钢模板，钢框架加固，上下用拉杆对拉，底板和侧模以“墙包底”的形式连接。模板板面之间应平整，接缝严密，不漏浆，保证结构物外露面美观，线条流畅。模板接缝宜采用双面胶止浆。

模板支立前在现场涂刷优质脱模剂，用吊车吊运至盖梁位置以人工配合手拉葫芦安装，待侧模支立完毕，通过外框架上下对拉筋固定，用经纬仪及吊锤测量线形及垂直度，用地锚拉线、手动葫芦找正，同时用水平仪调整顶面高程及支座垫石高程。调整结束后，用水冲洗底板，质检员验收，报监理工程师验收，直至合格。

模板安装完毕后，应对其平面位置、顶部标高、节点联系及纵横向稳定性进行检查，符合要求后方可浇筑混凝土。浇筑混凝土前，模板应涂刷脱模剂，外露面混凝土模板的脱模剂应采用同一品种，不得使用废机油等油料，且不得污染钢筋及混凝土施工缝处。

5. 混凝土浇筑

混凝土宜采用吊车或泵车输送入模，一次连续浇筑完成。罐车到现场后宜先检查混凝土坍落度、和易性是否符合施工要求。

浇筑时分层下料，分层振捣，分层厚度宜为30cm。插入式振捣器移动间距不大于振捣棒作用范围的1.5倍。一般每点振捣30～35s。振捣时注意钢筋密集处及洞口部位，不得出现漏振、欠振或过振。为使上下层混凝土结合成整体，上层混凝土振捣要在下层混凝土初凝前进行，并要求振捣棒插入下层混凝土50～100mm。混凝土浇筑的顺序是从盖梁的两头向中间分层浇筑，振捣器与模板保持5～10cm的距离，避免振捣器碰到模板。盖梁混凝土浇筑时需制作同条件试块，用作底模拆除时强度的判定依据。

6. 养护及拆模

混凝土外露表面待收浆、初凝后，即用塑料薄膜覆盖潮湿养护。当盖梁混凝土抗压强度达到2.5MPa时，可拆除侧模板。拆模时，注意保护盖梁表面及棱角。

混凝土强度达到设计强度75%以上时，再拆除底模板及支架。拆除模板时，采用人工和手拉葫芦的方法进行拆除。拆模时，注意保护盖梁表面和棱角，严禁用撬棍插入模板和混凝土间撬动拆除，以免损坏混凝土表面及崩角。拆模后要及时清除模板上的灰浆污垢，维修整理及保养，妥善存放，防止变形。拆除模板后，要马上用塑料薄膜或土工布包裹潮湿养护，要求养护14d。

三、空心墩施工

（一）空心墩构造

空心墩相比实体墩具有节省材料、刚度大、减轻结构自重及减小地震惯性力等优点，所以在桥梁建设中得到了广泛应用。

（二）施工措施

1. 墩身外侧模板宜选用大块钢模板，内侧采用定型钢模板。加工时，派专业工程师在加工厂家进行全过程跟踪，保证面板平整度、接缝、尺寸误差的质量要求。对于收坡高墩，且同类型桥墩数量较多的，应采用大块成套钢模，分段支立、浇筑，在不同墩位间倒用。

2. 混凝土浇筑分三阶段进行，分别为墩底实体段、墩身空心薄壁段、墩顶部实体段。混凝土宜采用集中拌和生产，混凝土运输车运输，泵送入模。

3. 墩身下实体段、空心段、上实体段混凝土施工时，特别注意实体段与空心墩身连接处的混凝土质量和外观。特别在实体段，由于一次浇筑混凝土体积过大，采取大体积混凝土施工保证措施降低水化热。

4. 空心段宜分节施工，且结合高墩施工措施。

四、高墩施工

（一）高墩翻模施工

翻模施工法是将一段混凝土塔柱的模板分为3节，每节高度为1～3m，在浇筑完混凝土后，上一节模板保留不动，利用已浇筑成型的钢筋混凝土为支撑主体，内、外模板通过拉杆与混凝土实现密贴，由下层模板与混凝土之间的黏结力和摩擦力支撑上层模板及操作平台。随着墩身钢筋骨架的接高，通过起重设备逐节向上翻升模板，完成每次预定高度的墩身混凝土浇筑，如此反复循环直至墩顶。

1. 翻模系统

翻模系统是由3节段大块组合模板及支架、内外工作平台、塔式起重机、手动葫芦组合而成的成套模具。

2. 施工要点

（1）模板设计

①模板分节

模板的总节段量根据模板设计高度，从墩顶往下排，不足整节模板高度者称为“调整节”，调整节模板必须单做。

空心墩翻模施工工艺采用的模板均为钢模板，外模由大块平模和调整坡比的角模组成，内模板由小块定型钢模和调整坡比的角模组成。内外模加固，采用内撑外拉加固方式，配备起重设备进行起吊翻升模板。

②外模设计

采用大模板设计，根据墩身高度、墩身断面尺寸、起重设备的起吊能力、运输设备，以及施工高度综合考虑来确定，一般高度取2～3m/节，宽度可根据现场实际情况确定。

从节约成本、加快施工进度方面考虑，每个空心墩一般采用2～3节模板，每次向上翻升1～2节，保留一节作为接头模。总节段数量要综合考虑墩的数量和墩的截面形式。节段模板角模编号自墩顶向下，按节段顺序依次编号，以便于模板设计、加工和安装。同时，模板设计中也可以考虑其他结构物的尺寸，以便模板多次利用。

③内模设计

除少量异形内模可采用木模外，其余模板均采用定型钢模板，模板加固采用带可调丝杠的钢管作为内支撑杆。内模设计时，为了方便脱模，在竖向倒角连接处一侧设计成锐角。

④操作平台和安全设施

采用桁片结构做施工平台，并作为模板加固的背杠，增强模板刚度。平台设计时根据所承受小型机具、周转材料和操作人员的重量进行设计，在桁片上安装竖向钢管作为栏杆立柱，加横杠两道，并挂设安全网做防护，平台上焊花纹钢板。内、外竖向设挂梯，方便作业人员上下通行。

（2）模板加工

①质量验收

在厂家或施工现场进行自由状态下预拼装，根据设计图纸和规范进行验收。检查模板的长、宽、高、螺栓孔直径、大面平整度、接缝错台（含节间接缝）、焊接质量等，检查合格后，对角模进行编号和坡比标注，编号由墩顶向下按顺序进行。

②运输存放

根据模板的长度、宽度和重量选用车辆；模板在运输车上支点、两端伸出长度及绑扎和安装方法，均须保证模板不变形、不损伤涂层。

模板存放场地应平整坚实、无积水。按照规格、型号、安装顺序分区存放；模板底层垫枕须有足够的支撑面，防止支点下沉。相同型号的模板垫放时，各层的支点在同一垂直线上，防止模板被压坏或变形。

（3）模板安装

采取先安装外模，再安装内模的施工顺序。内撑外拉、借助螺栓锁紧，防止浇筑混凝土过程中模板出现移位、漏浆现象。钢筋拉杆采用PVC管做套管，以便拉杆反复使用。

墩身模板的校正采用千斤顶、木楔和内拉配合使用。即墩底层模板校正时，在承台上用千斤顶在模板偏的一侧将模板顶高校正即可（千斤顶的力作用于模板围檩上）；从第二节向上，模板校正与第一节相同，只是千斤顶均在模板围檩上操作。

（4）模板拆除、翻升、修整、涂刷脱模剂

每节段混凝土浇筑完成后，向上接长钢筋，待钢筋安装好以后，进行模板拆除、翻升、修整、涂刷脱模剂，顺序为先外后内、先下后上逐块逐节进行。具体程序如下：

①清理干净操作平台上的机、具、料，然后预松拉杆，拆除相邻模板之间的连接。

②起吊扣件锁紧后，将模板吊至地面并支垫。

③用刮平刀或手持打磨机清理模板面板残留的混凝土，注意不要把模板面刮伤。如肋边发生翘曲、弯折、板面发生变形时，需进行矫正平直，在开焊处补焊牢固，并将面板清理干净。

④在模板表面均匀涂刷同一品种脱模剂。

⑤提升并安装模板。

（二）高墩自爬模施工

自爬模施工是采用一套模板，在完成第一层混凝土浇筑的同时，完成导轨和支架预埋系统，通过液压油缸对导轨和爬架交替顶升，来实现爬模墩柱混凝土施工。

1. 爬模的结构组成

爬模由支架系统、固定系统、模板系统 3 部分组成。

（1）支架系统

由三脚架、操作平台、吊平台和内支架组成。吊平台可用于周转的预埋件和修饰需处理的混凝土面。操作平台和吊平台四周均设置栏杆和防护网。

（2）固定系统

模板、支架及施工荷载全部由预埋件和锚固装置承担，模板倾斜度由可调斜撑控制。

（3）模板系统

墩身外模采用工字木梁模板，由 20mm 厚胶合板作为面板，20 号工字木梁作为竖肋，两根 14 号槽钢靠背组合作为横肋和 M20 高强螺栓组成。

2. 施工关键工序及控制要点

（1）墩身首节段模板安装、锚锥埋设、测量放线

安装前清理模板，以无污痕为标准，刷脱模剂。模板采用塔吊安装，首先进行墩底实心段模板安装，安装模板时现场技术员必须严格控制墩底中线、水平。

预埋件埋设正确与否，对整个爬模安装至关重要。在锚锥与高强螺杆连接处，应涂抹黄油；在锚锥表面处均匀涂抹黄油，便于埋件拆除。预埋件固定在模板上，通过安装螺栓，将埋件固定在模板上，待墩身第一节段混凝土浇筑完后，取出安装螺杆，埋件仍留在

墩身内。为避免预埋件与墩身钢筋发生冲突，在绑扎墩身钢筋时，就应考虑墩身钢筋要避开预埋件位置。

（2）浇筑第一节段混凝土

混凝土采用自动计量拌和站生产，输送车运输，浇筑前对支架、模板、钢筋和预埋件进行检查，清理干净模板内的杂物、积水和钢筋上的污垢；模板缝隙填塞严密，模板内面涂刷脱模剂；检查混凝土的均匀性和坍落度；混凝土分层浇筑厚度不超过 30cm；采用振捣器振动捣实。混凝土浇筑连续进行，如因故必须间断时，其间断时间小于前层混凝土的初凝时间，允许间断时间经试验确定。若超过允许间断时间，按工作缝处理。

（3）墩身第二节段施工

待墩身第一节段混凝土达到一定强度后拆除模板，用塔式起重机起吊爬架，并将爬架安装在相应的预埋件上。

爬架安装好后，首先安装墩身横桥向的 8 块模板，然后安装顺桥向的模板。模板、平台和三脚架在平地进行预拼检查，起吊前通过后移装置将模板后移 30cm，然后用塔吊起吊模板，人工配合安装。模板主要依靠预埋螺栓和三脚架支撑定位。模板安装就位后，先调整墩身横桥向模板，然后调整顺桥向模板。操作工人站在平台上通过后移装置和斜撑一起调节模板至紧贴已浇筑混凝土面，通过锚固装置将模板下沿与上次浇筑完的混凝土结构表面顶紧，确保不漏浆、不错台。侧模的坡度通过上口宽度调节，每一标准节段浇筑 4.5m，上口混凝土顶面每侧各缩减 37.5cm，调节时主要依靠斜撑上的螺栓控制。

外模安装完毕后，开始内模拼装，边角和倒角位置尺寸准确。主筋采用直螺纹连接，钢筋绑扎完毕后，内、外模之间采用对拉螺杆加固，对拉螺杆外套一根 PVC 管，以便于拆除。

模板安装完并初校后，经测量人员校核调整无误，方可进行混凝土浇筑。由于墩身底有一节 6m 高的实心段，第二节段实心段和空心段一次性浇筑，先浇筑实心段，一般间隔 3～4 h，待实心段混凝土有一定的强度后，再进行空心段浇筑，从而不必支设实心段顶部模板。由于每节段浇筑高度为 4.5m，混凝土由泵送入模，通过串筒浇筑，以免混凝土离析散落。为保证墩身模板受力均衡，混凝土分层下料振捣，分层厚度不大于 30cm，振捣棒与模板保持 5～10cm 的距离。

（4）后续墩身节段施工

在支架下安装吊平台，利用吊平台方便拆除可周转的埋件、修饰混凝土的缺陷。

根据规范要求，混凝土达到一定强度后即可拆模，拆模时要求不能猛烈敲打和强扭，以免损伤混凝土表面和棱角。

拆模后将模板整体后移65cm，利用塔式起重机吊住模板及支架，拆除支架与预埋件的连接件，缓缓提升模板及支架至下一位置就位，通过预埋件和连接件安装好支架，同时在空心段相应位置预留ϕ20cm通气孔，用U形或井字形钢筋牢固定位在主筋上。如此循环，直至将全部模板及支架提升到位。

（5）施工注意事项

①爬模组装属高空作业，不得安排交叉作业。

②模板必须严格按照墩身尺寸拼组，各模板搭接密贴，内外大模板对称分布，保持上缘平齐，拉杆所套的PVC管长短适宜，以便拔出模板拉杆。

③为了确保每个桥墩内实外美和上下颜色一致，在施工准备时充分考虑桥墩的施工时间，每个桥墩用同一批号水泥。

④爬模施工时预埋件很多，确保不漏不错，位置正确。

（三）高墩辊模施工

1. 辊模系统组成

辊模装置包括提升系统、外框架、内衬模及辅助工作平台，其中辊是工艺核心，在支撑内衬模的同时兼作外框架的行走轮。随着混凝土的浇筑，外框架间歇上升，内衬模保持静止且不扰动混凝土，待混凝土满足拆模条件后，工人在辅助平台上将内衬模按翻模工艺循环施工。

2. 辊模施工工序操作要点

（1）承台施工预埋钢管立柱

承台混凝土浇筑前，应将4根钢管立柱预埋至承台内，并用钢筋定位和加固，确保混凝土浇筑过程中钢管位置不动。由测量放样定位墩柱四角，根据四角位置用尺定位钢管预埋位置，预埋位置应根据墩柱钢筋位置确定，以不影响主筋安装及千斤顶滑升为主。

（2）安装墩柱钢筋

墩柱主钢筋下料长度可按4.5m或6m制作，并制作主筋定位装置，可用角钢割槽作为定位器，安装在主筋最上端。第一模主筋安装完成后，安装箍筋，安装高度为1.3m左右，以不影响千斤顶位置为依据。

（3）测量放样及定位

测量放样前，对施工图提供的导线点、水准点进行复测，对桩位坐标进行复核。测量放样所使用的导线点、水准点必须是经过导线控制测量复测，且得到监理工程师批复的导线点、水准点。必要时要加密控制网，加密点同导线点一起复核测量，复核测量符合规范要求后方可使用。根据批复的测量成果，将墩柱外边线放样并用彩油定位，作为辊模外框架安放的定位点。

（4）安装辊模系统

辊模系统由厂家统一定制，外框架精度应按照墩柱尺寸达到±5mm以内。根据测量放样定位成果，安装外框架；4个外框架由高强螺栓连接；安装液压系统；安装上框架；安装第一层内衬模。

辊模系统安装前，用砂浆对承台顶面找平。辊模系统安装完成后，通过液压装置对辊模顶面调平，调平后用砂浆在辊模底面找平。

（5）第一次混凝土浇筑

第一次浇筑0.9m，作为整个框架系统支撑，预留0.1m进行第二级内衬模板安装。混凝土浇筑过程中应安排专人观测模板支撑系统安全状况，一旦发现异常，立刻停止混凝土浇筑，并立刻通知项目总工程师等技术人员到场分析原因。混凝土浇筑完成后应进行凿毛，并进行测量复测，确认墩柱位置正确无误。在外框架四周吊铅锤，作为垂直度控制装置。

（6）第一次外框架提升

第一次提升行程为70cm，提升应在混凝土浇筑12 h后进行。千斤顶提升过程中应观测内衬模是否有松动和滑移现象，一旦发现应立即停止滑升，然后手动找平，并分析滑移原因，解决后方可继续滑升。千斤顶提升过程中应观察压力表压力值是否在范围内，如果超过规定值，应立即停止滑升并检修液压系统和模架系统。在解决问题后方可继续滑升，但必须确保4个压力表压力值处于规定范围内。辊模滑升0.7m后进行调平，检查滚动圆管与内衬模板之间是否有混凝土渣或水泥浆，如有，应及时进行清除。

（7）安装第二层内衬模

第二层内衬模与第一层内衬模之间应用膨胀剂密封，防止漏浆，应在内衬模四角焊接定位钢筋，以防止内衬模滑移和松动。

（8）第二次混凝土浇筑

从第二次混凝土浇筑开始进行连续施工，一般应在3～5d内（墩柱施工高度在12～20m）停止施工以进行液压系统、模架系统检修、维护。混凝土浇筑完成后，应测量浮浆厚度，厚度超过5cm应立即通知试验室调整配合比，尽量降低浮浆厚度。

（9）第二次外框架提升

提升高度为15cm；提升后立即进行钢筋绑扎；钢筋绑扎完成后立即进行第三次混凝土浇筑。

(10) 第三次外框架提升

提升后立即进行钢筋绑扎。钢筋绑扎完成后立即进行第四次混凝土浇筑。

(11) 第四次外框架提升

提升后立即进行钢筋绑扎。第四次外框架提升完成后，应安排专人拆除、清理第一层内衬模并翻升至操作平台上，同时进行墩柱外表面清理、装饰。往复施工至第六次混凝土浇筑完成。

(12) 安装剩余设施

第六次混凝土浇筑完成后，安装第二层外框架，用于拆除内衬模及墩柱装修用，同时安装安全爬梯、物料提升机等设施。上述设施安装完成后，辊模拼装全部完成，进入正常连续施工状态。

(13) 混凝土养护

采用喷淋养护。在第二层平台下 5m 位置安装喷淋养生管道，实行 24 h 与墩柱施工同步养护。

五、装配式墩台施工

(一) 墩台预制方案

目前针对预制墩台施工，主要有两种预制方案，一是预制整体墩身与现浇承台方案，墩身与承台连接采用现浇湿接头连接，该法接头区受力复杂，容易产生开裂；二是承台与墩身整体预制，墩身分段接高，该法需重点解决预制承台与桩基的连接问题。

(二) 施工工艺流程

装配式构件施工程序主要有构件预制→构件运输→构件吊装→接缝施工。

构件的工厂化预制和现场的机械化拼装是装配式墩台施工的核心。结构节点的连接质量是工程质量控制的关键。

(三) 施工关键工序及控制要点

1. 墩身预制

根据预制墩身节段的尺寸及重量，合理布置预制场地，宜靠近施工现场，周围道路畅通，便于出运构件，结合具体条件合理安排，以节约用地。为减少场地内搬运和减少工序间的干扰，墩身预制宜采用整体式钢模板，立式预制法施工，其工艺流程为：制作预制台座→钢托架安放→内模安装→墩身钢筋绑扎→墩身外模安装→浇筑墩身混凝土→外模拆除→内模拆除→移至存放区→养护。

2. 墩身运输及吊装

施工时应根据预制构件大小、质量，选择合理的吊装设备及运输车辆，运输前应对路线实地勘察并优选运输路线。

运输车装载构件时，支撑保护方案包括构件运输方向、支承点设置、外露钢筋的保护等应专项设计并报送相关单位审批。运输车起步和运行应缓慢、平稳前进，严禁突然加速或紧急制动；运输车接近目的地时应减速徐停。

墩身吊装时，采用专用卡尺及全站仪进行精确控制，减少墩身浇筑及拼装阶段的误差。安装过程中尽量做到一次安装到位，避免发生反复起吊、落钩等动作。其施工工艺流程为：拼接面清理→拼接缝测量→调节垫块找平→充分湿润拼接缝表面→立柱吊装就位→调节设备安放→垂直度、高程测量→调节立柱垂直度→接缝施工。

3. 拼接接缝施工

预制墩台接缝是节段拼装施工的关键，主要原因是接缝会承受较大的力，是更加容易破坏的部位。节段拼装桥墩因构造方式不同，其力学特性和常规现浇桥墩存在差异。按照接缝的构造特点分类，常用的拼装接头形式有承插式、钢筋锚固、焊接、灌浆套筒、后张预应力等。在上述连接方式中，钢筋锚固和承插式也称为“湿接缝”，即这两种方式都需要临时支撑，钢筋连接部位需通过后浇混凝土方式连接；灌浆套筒与接缝填料有关，可简称“干接缝”或“胶接缝”。

4. 其他注意事项

（1）墩台柱构件与基础顶面预留的杆形基座应编号，并检查各个墩、台高度和基座标高是否符合设计要求；基口四周与柱边空隙不得小于2cm。

（2）墩台柱吊入基杯内就位时，应在纵、横方向测量，使柱身竖直度或倾斜度以及平面位置均符合设计要求；对重量大、细长的墩柱，需用风缆或撑木固定后，方可放吊钩。

（3）墩台柱顶安装盖梁前，应先检查盖梁上预留槽眼位置是否符合设计要求，否则应先修凿。

（4）柱身与盖梁（墩帽）安装完毕并检查符合要求后，可在基杯空隙与盖梁槽眼处浇筑稀砂浆，待其硬化后，撤除楔子、支撑或风缆，再在楔子孔中灌填砂浆。

第五章

桥梁上部结构施工

第一节　装配式梁桥施工

一、先张法梁板预制

（一）预制台座建造

台座是先张法施加预应力的主要设备之一，它承受预应力筋在构件制作时的全部张拉力。张拉台座必须在受力后不倾覆、不移动、不变形。

1. 台座的类型

（1）墩式台座

墩式台座是先张法预应力构件应用最为广泛的一种台座形式。墩式台座靠自重和墩后的被动土压力，来平衡张拉力所产生的倾覆力矩，并靠台座与其基底土壤间的摩阻力和反作用力抵抗水平滑移，适用于总张拉力为 1000～2000 kN 的张拉。在地质情况良好、台座张拉线较长的情况下，采用墩式台座可节约大量混凝土。

（2）基桩式台座

基桩式台座主要由基桩、横梁和台面等组成，主要用桩的抗水平承载力来抵抗拉力。

（3）压杆式台座（框架式台座）

压杆式台座主要由压杆、横梁、台面组成。它既可以承受钢筋张拉时的反作用力，又可以作为构件采用蒸汽养护的养生槽。压杆主要承受预应力张拉时的反作用力，一般用钢筋混凝土整浇而成。对于公路工程施工，由于预制场是临时性的，所以最好采用装配式的压杆，装配式的压杆可用钢管、钢箱等制成。这样便于拆除运输和重复使用，也便于按照地形条件、构件长度和工艺要求而改变台座长度。

2. 台座构造

（1）底板（台面）

底板作为预制构件的底模，要求平整、光滑。一般采用在夯实平整的土基上浇筑5～8cm厚的C15～C20素混凝土，每隔10～20m留伸缩缝。其宽度由制作预应力构件的宽度决定，对底板要采取可防止沾污铺放在台座上的预应力筋的措施。模板隔离剂应选用非油质类的。

（2）承力架（支承架）

承力架为台座的主要受力结构，是台座的支承架。它要求承受全部张拉力，制造时要保证承力架变形小，经济、安全、便于操作。承力架形式很多，如框架式、墩式等。

（3）横梁

横梁是将预应力筋的张拉力传给承力架的横向构件，常用型钢或钢筋混凝土制作。其断面尺寸由横梁的跨径、张拉力的大小决定，并应保证刚度和稳定的要求，受力后挠度应不大于2mm。

（4）定位板

定位板用来固定预应力筋，一般用钢板制成，连接在横梁上。它必须保证承受张拉力后，具有足够的强度和刚度。孔的位置根据梁体预应力筋的位置设置，孔径比预应力筋大2～4mm，以便穿筋。

（5）固定端装置

用于固定力筋位置并在梁预制后放松力筋，它设在非张拉端，仅用于一段张拉的先张台座。

（二）预应力筋安装

预应力筋（钢绞线）按计算长度切割，在失效段套上塑料管，放在台座上，线两端穿过定位钢板。卡上锚具，用液压千斤顶单束张拉，先张拉中间束，再向两边对称张拉。

（三）预应力钢筋张拉

1. 确定张拉方法

先张法通常采用一端张拉，另一端在张拉前要设置好固定装置或安放好预应力筋的放松装置，但也有采用两端张拉的方法。

先张法张拉预应力筋，分单根张拉和多根张拉，以及单向张拉和双向张拉。单根张拉设备比较简单、吨位要求小，但张拉速度慢，张拉顺序不应使台座承受过大的偏心力。多根张拉一般需有两个大吨位千斤顶，张拉速度快。数根预应力筋同时张拉时，必须使它们的初始长度一致，张拉后每根预应力筋的应力均匀。因此，可在预应力筋一端选用螺丝杆锚具和横梁、千斤顶组成张拉端，另一端选用墩粗夹具为固定端，这样可以利用螺丝端杆的螺母调整各根力筋的初始长度。如果预应力筋直径较小，在保证每根预应力筋下料长度精确的情况下，可两端采用墩粗夹具。

2. 张拉设备的选用

桥梁工程中通常采用液压拉伸机作为预应力的张拉设备，它由千斤顶和配套的高压油泵、压力表及外接油管组成。施工时必须根据构件特点、张拉锚固工艺情况及预应力筋的规格和根数等情况选用张拉设备，一般主要选择适宜的张拉吨位及压力表。

3. 张拉设备的标定

实际中千斤顶的油缸与活塞有摩阻力存在，千斤顶和油压表在使用前必须通过标准压力计进行标定。根据标定数据，可采用一元线性回归分析法与直线插值法计算油压表读数，用以控制张拉力。张拉用的千斤顶、油压表、油泵应配套标定、配套使用，标定应在国家授权的法定计量技术机构定期进行。标定时，千斤顶活塞的运行方向应与实际张拉工作状态一致。

（四）混凝土浇筑

1. 混凝土的浇筑速度

为了保证浇筑混凝土的整体性，防止在浇筑上层混凝土时破坏下层混凝土，浇筑层次的增加须有一定的速度，须使次一层的浇筑能在先浇筑的一层混凝土初凝以前完成。

2. 混凝土的浇筑顺序

（1）水平分层浇筑

对于跨径不大的简支梁桥，可在钢筋全部扎好以后，将梁和板沿一跨全长内水平分层浇筑，在跨中合龙。分层的厚度视振捣器的能力而定，一般为 0. 15～0. 3m。当采用人工捣实时，可采用 0. 15～0. 2m。

（2）斜层浇筑

跨径不大的简支梁桥混凝土浇筑，还可用斜层法从主梁两端对称向跨中进行，并在跨中合龙。T 梁和箱梁采用斜层浇筑的顺序。采用斜层浇筑时，混凝土的倾斜角与混凝土的稠度有关，一般为 20°～25°。

气候炎热时，混凝土入模温度不宜高于 28℃，还应避免模板和新浇混凝土受阳光直射。模板与钢筋温度以及周围温度不超过 40℃。

当室外日平均气温连续 5d 低于 5℃时，按冬季施工进行。

（五）混凝土养护

混凝土浇筑完成后应及时进行养护。在养护期间，应使混凝土保持湿润、防止雨淋、日晒、受冻及受荷载的振动、冲击，以促使混凝土硬化，并在获得强度的同时，防止混凝土干缩引起的裂缝。为此，对于混凝土外露面，在表面收浆、凝固后，即用草帘等物覆盖，并应经常在覆盖物上洒水（或用水喷淋）养护。洒水养护时间一般不少于 7d，可根据空气的湿度、温度和水泥品种及掺用的外加剂等情况，酌情延长或缩短。

（六）预应力放张

1. 砂箱放张法

采用砂箱作为放张装置，在张拉时将砂箱放置在非张拉端，张拉前将砂箱内装满干砂并使其顶着横梁。张拉时，砂箱内砂被压实承受横梁反作用力。放张预应力筋时，打开出砂口，人工用工具掏出砂箱内的砂，活塞缩回，逐渐放张预应力筋。

2. 千斤顶直接放张法

千斤顶放张法原理和砂箱放张法类似，在台座固定端的承力架与横梁之间张拉前就安放千斤顶，待混凝土达到规定放张强度后，即可让千斤顶同步回程，使拉紧的力筋慢慢回缩，将力筋放张。

3. 千斤顶再张拉放张法

在台座固定端设置螺杆或夹具和张拉架。张拉架顶紧横梁，让预应力筋锚固在张拉架上；放张时，再略微拉紧力筋，然后拧松螺母，再将千斤顶回油，力筋就慢慢回缩，张拉力即被释放。

4. 乙炔-氧气切割法

工程中多用乙炔-氧气切割法，即直接用氧气-乙炔焰，沿构件端部将锚固在台座上的预应力筋切断。这种放张预应力筋方法快速、方便，但对预应力冲击很大，易产生裂缝和造成大量预应力损失。预热放张法是用氧气-乙炔焰轮流烘烤，随着温度的升高，烘烤部分产生局部伸长，然后熔割切断。氧割操作人员只允许沿横向站立，严禁站在预应力筋上进行操作。

预应力筋放张的速度不宜太快，以砂箱放松为宜。如采用千斤顶再张拉法放张，所施加的应力值不得超过原张拉时的控制应力。当采用单根放松时，应分阶段、对称、相互交错地进行。

（七）梁板移位及存放

梁板移运时的吊点位置应按设计文件的规定设置。如设计无规定时，梁、板构件的吊点应根据计算决定。构件的吊环应顺直。吊绳与起吊构件的交角小于60°时，应设置吊架或扁担，尽可能使吊环垂直受力。根据吊具的不同，必须采取不同的梁体保护装置。

梁、板、构件移运和堆放的支承位置应与吊点位置一致，并应支承牢固，避免损伤构件。在顶起各种构件时，应随时设置好保险垛。

吊移板式构件时，不得吊错上、下面，以免折断。构件运输时，应有特制的固定架以稳定构件。小构件宜顺宽度方向侧立放置，并注意防止倾倒；如平放，两端吊点处必须设置支搁方木。

二、后张法梁板预制

（一）孔道预留

梁体内预留孔道的生产主要有两种方式：埋置式和抽拔式。埋置式制孔主要采用金属波纹管和塑料波纹管。抽拔式制孔（俗称“抽拔管”）常用的有橡胶抽拔管、金属伸缩抽拔管和钢管等。

抽拔橡胶管制孔是按设计位置将抽拔橡胶管固定在钢筋骨架中，待混凝土抗压强度达到4～8MPa时（即混凝土初凝后、终凝前），再将橡胶管拔出以形成孔道。这种制孔的方式比较经济，管道内压注的水泥浆与构件混凝土结合较好。但缺点是不易形成多向弯曲、形状复杂的管道，且需要控制好抽拔的时间点。

预埋波纹管是在浇筑混凝土前，将波纹管按预应力钢筋设计位置，绑扎于箍筋焊连的钢筋托架上，再浇筑混凝土，结硬后即可形成穿束的孔道。金属波纹管是用薄钢带经卷管机压波后卷成，其重量轻，纵向弯曲性能好，径向刚度较大，连接方便，与混凝土黏结良好，与预应力钢筋的摩擦系数也小，是后张法预应力混凝土构件一种较理想的制孔方式。

（二）预应力钢绞线穿束

1. 当梁体混凝土强度达到设计强度的80%以上时，方可进行穿束张拉。
2. 穿束前，可用空压机吹风等方法清除孔道内的污物和积水，以确保孔道畅通。
3. 箱梁钢绞线可采用钢套牵引法。穿束时钢绞线头缠胶带，防止钢绞线头被挂住。

（三）预应力筋的张拉

1. 张拉前的准备工作

预应力筋张拉前必须对千斤顶和油压表进行校验，计算与张拉吨位相应的油压表读数和钢绞线伸长量，确定张拉顺序和清孔、穿束等，并完成制锚工作。

2. 张拉程序

后张法预制梁，当跨径或长度大于或等于25m时，宜采用两端同时张拉的工艺。只有短构件可用单端张拉，非张拉端用固定锚具。

当梁体混凝土强度达到设计强度的75%以上时，才可进行穿束张拉。穿筋工作一般采取直接穿筋，较长的钢筋可借助钢丝作为引线，用卷扬机进行穿筋。

预应力筋张拉端的设置应符合设计要求，当设计无具体要求时，曲线预应力筋和长度大于25m的直线预应力筋，应采用两端对称张拉；长度等于或小于25m的直线预应力筋，可在一端张拉。预应力筋的张拉应符合设计要求，当设计无要求时，可分批分阶段对称张拉。分批张拉时，应按顺序对称地进行，以防过大偏心压力导致梁体出现较明显的侧弯现象，同时应考虑后张拉的预应力筋对先张拉的预应力筋所带来的预应力损失。后张法预应力筋的张拉应分级进行。

预应力筋在张拉控制应力达到稳定后方可锚固。预应力筋锚固后的外露长度不宜小于30mm，且不应小于1.5倍预应力筋直径。锚具应用封端混凝土保护，当需长期外露时，应采取防止锈蚀的措施。一般情况下，锚固完毕并经检验合格后即可切割端头多余的预应力筋，严禁用电弧焊切割，强调用砂轮机切割。一般防锈措施为砂浆封堵。

张拉完后即封堵。完成后，即对外露多余钢绞线、钢筋进行切割，封堵方法是用素灰浆将锚头封住，然后用塑料布将其裹住进行养护，以防止裂缝而使锚头漏浆、漏气，影响压浆质量。

（四）孔道压浆

1. 压浆的目的

孔道压浆的目的：一是保护钢绞线不生锈，延长结构使用年限，所以压浆要饱满、密实；二是作为媒介，在钢绞线松弛后，向梁体传递一部分应力，即增加钢筋与混凝土之间的黏结力。

2. 压浆工艺

普通压浆：压浆前先用压力清水冲洗将要压浆的孔道，再将水泥净浆从孔的一端压入，另一端排出浓浆后封闭。加大压力至0.5～0.7MPa，持续2～5min后结束。

真空压浆：压浆前，先用真空泵抽吸预应力孔道中的空气，使孔道的真空度达到负压0.1MPa左右，然后在孔道另一端用压浆泵，以一定的压力将搅拌好的水泥浆体压入预应力孔道，并产生一定的压力。由于孔道内只有极少数空气，浆体中很难形成气泡。同时，由于孔道内和压浆泵之间存在正负压力差，大大提高孔道内浆体的饱满和密实度，而且在水泥浆中，由于降低水胶比需添加专用的外加剂，从而减少了浆体的离析、析水和干硬收缩，同时提高了浆体的强度。

3. 孔道压浆一般要求

（1）压浆材料

①后张预应力孔道宜采用专用压浆料或专用压浆剂配制的浆液进行压浆。

②水泥应采用性能稳定、强度等级不低于42.5的低碱硅酸盐或低碱普通硅酸盐水泥。

③外加剂应与水泥具有良好的相容性，且不得含有氯盐、亚硝酸盐或其他对预应力筋有腐蚀作用的成分。

④矿物掺合料的品种宜为I级粉煤灰、磨细矿渣粉或硅灰，并应符合规范的规定。

⑤水不应含有对预应力筋或水泥有害的成分，每升水中不得含有350mg以上的氯化物离子或任何一种其他有机物，宜采用符合国家卫生标准的清洁饮用水。

⑥膨胀剂宜采用钙矾石系或复合型膨胀剂，不得采用以铝粉为膨胀源的膨胀剂或总碱量0.75%以上的高碱膨胀剂。

⑦压浆材料中的氯离子含量不应超过胶凝材料总量的0.06，比表面积应大于$350m^2/kg$，三氧化硫含量不应超过6.0%。

（2）压浆设备

①搅拌机的转速应不低于1000 r/min，搅拌叶的形状应与转速相匹配，其叶片的线速度不宜小于10m/s，最高线速度宜限制在20m/s以内，且应能满足在规定时间内搅拌均匀的要求。

②用于临时储存浆液的储料罐亦应具有搅拌功能，且应设置网格尺寸不大于3mm的过滤网。

③压浆机应采用活塞式可连续作业的压浆泵，其压力表的最小分度值应不大于0.1MPa，最大量程应使实际工作压力在其25%～75%的量程。不得采用风压式压浆泵进行孔道压浆。

④真空辅助压浆工艺中采用的真空泵应能达到0.10MPa的负压力。

4. 压浆施工

（1）准备

①应在工地试验室对压浆材料加水进行试配，各种材料的称量（均以质量计）应精确到±1%。

②应对孔道进行清洁处理。对抽芯成型的孔道应冲洗干净并应使孔壁完全湿润；金属和塑料管道在必要时亦应冲洗清除附着于孔道内壁的有害材料。对孔道内可能存在的油污等，可采用已知对预应力筋和管道无腐蚀作用的中性洗涤剂或皂液，用水稀释后进行冲洗；冲洗后，应使用不含油的压缩空气将孔道内的所有积水吹出。

③应对压浆设备进行清洗，清洗后的设备内不应有残渣和积水。

（2）压浆

①压浆过程中及压浆后 48 h 内，结构或构件混凝土的温度及环境温度不得低于 5℃，否则应采取保温措施，并应按冬季施工的要求处理。浆液中可适量掺用引气剂，但不得掺用防冻剂。当环境温度高于 35℃时，压浆宜在夜间进行。

②压浆时，对曲线孔道和竖向孔道应从最低点的压浆孔压入；对结构或构件中以上下分层设置的孔道，应按先下层后上层的顺序进行压浆。同一管道的压浆应连续进行，一次完成。压浆应缓慢、均匀地进行，不得中断，并应将所有最高点的排气孔依次打开和关闭，使孔道内排气通畅。

③浆液自拌制完成至压入孔道的时间不宜超过 40min，且在使用前和压注过程中应连续搅拌，对因延迟使用所致流动度降低的水泥浆，不得通过额外加水的方法增加其流动度。

④对水平或曲线孔道，压浆压力宜为 0.5～0.7MPa；对超长孔道，最大压力不宜超过 1.0MPa；对竖向孔道，压浆压力宜为 0.3～0.4MPa。压浆的充盈度应达到孔道另一端饱满，且排气孔排出与规定流动度相同的水泥浆为止。关闭出浆口后，宜保持一个不小于 0.5MPa 的稳压期，该稳压期的保持时间宜为 3～5min。

⑤采用真空辅助压浆工艺时，在压浆前应将孔道抽成真空，真空度宜稳定在-0.06～-0.10MPa。真空度稳定后，应立即开启孔道压浆端的阀门，同时启动压浆泵进行压浆。

⑥压浆时，每一工作班应制作留取不少于 3 组尺寸为 40mm×40mm×160mm 的试件，标准养护 28d，进行抗压强度和抗折强度试验，作为质量评定的依据。

（3）压浆后

①压浆后应通过检查孔抽查压浆的密实情况，如有不实，应及时进行补压浆处理。

②压浆完成后，应及时对锚固端按设计要求进行封闭保护防腐处理。需要封锚的锚

具，应在压浆完成后对梁端混凝土凿毛并将其周围冲洗干净，设置钢筋网浇筑封锚混凝土；封锚应采用与结构同强度的混凝土，并应严格控制封锚后的梁体长度。长期外露的锚具，应采取防锈措施。

③对后张预制构件，在孔道压浆前不得安装就位；压浆后，应在浆液强度达到规定的要求后方可移运和吊装。

④孔道压浆应填写施工记录。记录项目应包括压浆材料、配合比、压浆日期、搅拌时间、出机初始流动度、浆液温度、环境温度、稳压压力及时间，采用真空辅助压浆工艺时应包括真空度。

（五）封端

对设计需要进行锚端封闭的梁体，孔道压浆后应立即将梁端水泥浆冲洗干净，并将断面混凝土凿毛。对端部钢筋网的绑扎和封端板的安装，要妥善处理并确保固定，以免在浇筑混凝土时因模板移动而影响梁长。封端混凝土的强度等级应不低于梁体混凝土强度等级的80%。浇完混凝土并静置1～2h后，应按一般规定进行保湿养护。

对需封锚的锚具，压浆后应先将其周围冲洗干净并对梁端混凝土凿毛，然后设置钢筋网浇筑封锚混凝土。封锚混凝土的强度应符合设计规定，一般不宜低于构件混凝土强度等级的80%。必须严格控制封锚后的梁体长度。长期外露的锚具，应采取防锈措施。

对后张预制构件，在管道压浆前不得安装到位，在压浆强度达到设计要求后方可移运和吊装。孔道压浆应填写施工记录。

（六）梁的吊运

梁体压浆结束后，待浆体强度达到设计强度的80%方可移至存梁区。当梁体混凝土强度达到设计强度的100%，方可进行架设。

三、预制梁板的吊装

（一）一般规定

由于梁体长、笨重，起吊、运输都比较困难，因此要合理选择起吊、运输的工具和方法，以确保安全。梁体起吊时，混凝土强度应符合设计规定。压浆强度不得低于设计强度的75%，封端混凝土强度不得低于设计强度的50%；吊点、支点位置应经计算确定，其距离误差不得大于规定的200mm，无论起吊、运输或存放都要有防止倾覆措施。桥梁施工架梁前常需先卸后架，应有一处存梁场地。场地位置要慎重选择，一般可在车站、区间或桥头存放，也可在施工线路上选择适当地点存放。存梁场应有良好的排水系统和设施，宜优先采用大跨度吊梁龙门架装卸桥梁。采用滑道移梁时，滑道应有一定的强度和刚度，并满足移梁作业的需要。

（二）吊装方法

1. 架桥机法

架桥机可分为单导梁式、双导梁式、斜拉式和悬吊式等类型。其中双导梁架桥机以高安全性、高效性及适应性强的特点，在高速公路桥梁架设中广泛使用。

2. 跨墩龙门式吊车架梁法

跨墩龙门吊车安装适用于桥不太高，架梁孔数又多，地势平坦，沿桥墩两侧铺设轨道不困难，无水或浅水河滩区域安装预制梁。一台或两台跨墩龙门吊车分别设于待安装孔的前后墩位置，预制梁内平车顺桥向运至安装孔一侧，移动跨墩龙门吊车上的吊梁平车，对准梁的吊点放下吊架将梁吊起。当梁底超过桥墩顶面后，停止提升，用卷扬机牵引吊梁平车慢慢横移，使梁对准桥墩上的支座，然后落梁就位，接着准备架设下一片梁。

3. 自行式吊机架梁法

在桥不高、场内又可设置行车便道的情况下，用自行式吊车（汽车吊车或履带吊车）架设中、小跨径的桥梁十分方便。此法视吊装重量不同，还可采用单吊（一台吊车）或双吊（两台吊车）两种形式。其特点是机动性好，无须动力设备和准备作业，架梁速度快。

4. 浮吊架设法（水上架设）

在海上和深水大河上修建桥梁时，选用可回转的伸臂式浮吊架梁比较方便，也可用钢制万能杆件或贝雷钢架拼装固定的悬臂浮吊进行。此架梁方法高空作业较少、吊装能力大、工效高、施工较安全，但需要大型浮吊。由于浮吊船来回运梁航行时间长，需增加费用，一般采取用装梁船存梁后成批架设的方法。浮吊架梁时，需在岸边设置临时码头来移运预制梁。架梁时浮吊要仔细锚固，流速不大时，可用预先抛入河中的混凝土锚作为锚固点。

四、简支-连续体系转换

（一）简支-连续体系转换的顺序

简支转连续施工体系转换的顺序一般有以下 3 种：

1. 从一端起依次逐孔连续，即先将第一孔与第二孔形成两跨连续梁，然后再与第三孔形成三跨连续梁，依次类推，形成一联连续。

2. 从两端起向中间依次逐孔连续。

3. 从中间孔起依次逐孔连续。

如遇长联，可按上述 3 种方法灵活综合选用。显然，不同的体系转换方法所产生的混凝土二次力及预加力产生的二次力是不同的。

（二）临时支座

临时支座可采用油压千斤顶、砂筒及硫磺砂浆。由于砂筒经济、方便，目前在施工中常采用砂筒作为临时支座。

（三）施工工艺流程

1. 施工准备

简支-连续梁桥通过将简支梁在墩顶实施结构连续或墩梁固结而成，所以，简支梁体是基础，墩顶结构连续、墩梁固结（刚构）或桥面连续构造是关键，施工必须高度重视。强化施工设计，明确施工工序，制定精细化的施工方案，实行首件（试制）制。

2. 梁预制与安装

预制台座稳定性好，顶面光滑，易于脱模。严格按照设计图纸，制作强度、刚度、稳定性均满足预制梁需要的模板系统，同时，模板必须能根据预制梁顶横坡、锚固齿板等需要可调整。从控制混凝土原材料、配比、几何尺寸、一期预应力体系建立精度、养护等方面入手，采取有效措施，确保预制梁预拱度符合设计要求。临时支座必须满足强度、刚度、稳定性要求。建议采用砂筒等方便拆除的结构形式。注意事先设置的永久支座的安装精度并保持稳定性。

3. 墩顶湿接头浇筑

混凝土需做专门配比，以保证高强度、低收缩、高韧性的设计要求。对于简支结构连续梁桥，墩顶湿接头混凝土浇筑前，梁端面、梁端横隔板以及端横隔板靠墩侧面以外的梁肋侧面应按要求进行凿毛，或刷净水泥浆，或刷专用黏结剂等增加新老混凝土连接性能的处理。

墩顶湿接头浇筑应严格按设计要求执行。设计无明确要求时，墩顶连续应在一天中温度最低且变化最小的时间内进行，同时保证在温度升高时，混凝土已有 20% 以上的强度。如遇昼夜温差大于 15℃时，建议在墩顶湿接头内设置劲性骨架，以避免因温度升高过大而对混凝土凝结产生不利影响。墩顶湿接头混凝土应有专门的养护方案，确保此类间隙混凝土强度增长。

4. 二次预应力体系建立

按照设计要求，严格控制预制梁中预应力管道、锚固齿板的几何精度。采用专门的塑料波纹管，确保预应力管道畅通。二次预应力施工前，必须对预应力管道，特别是管口借助衬管等实施特别保护。二次预应力张拉时，混凝土强度必须满足设计要求，张拉时间、顺序应符合设计规定。简支刚构连续梁桥墩梁固接，用竖向预应力预埋在桥墩盖梁中。在墩梁固接构造混凝土浇筑前，应对竖向预应力筋做特别保护。应有专门的管道压浆配方，采用真空压浆。

5. 临时支座、永久支座安装

对于搁置空心板梁的临时支座，其强度和刚度必须保证在梁板架设过程中不破损，基本无沉降量，可采用四周硬木板条用拉杆细栓箍紧方箱装砂层办法处理。搁置梁的临时支座，可用将钢管截成筒状、侧边钻孔、临时阀门封闭灌装砂层的办法，高度可比永久支座略高3～5mm，以便体系转换时最后拆除。浇筑湿接头混凝土前，应对永久性橡胶支座表面进行保护（塑料膜或薄钢板覆盖），其接缝处残渣、杂质可用空压机清除干净，并仔细检查各支座放置的平整度。先简支后连续桥支座在伸缩缝处和连续墩处不同，伸缩缝处采用 GJZF4 或 GYZF4 支座，连续墩处采用 GJZ 或 GYZ 支座。在连续墩处支座下设一定高度的支座垫石，GJZF4 及 GYZF436 支座不允许倾斜安装。永久橡胶支座安装时，纵坡≥1%时需采取措施使支座平置；当有纵坡时，必须采用梁底预埋钢垫板调平后再放置支座。

6. 结构体系（支座）转换

在满足强度、刚度、稳定性及拆除方便的要求下，对临时支座（单支座简支连续梁桥）构造、安装、拆除方案进行研究，提出实施方案。严格按照设计要求的时间、顺序进行结构体系（支座）转换。

7. 新老混凝土连接面处理

湿接头部位新老混凝土结合最容易成为结构的薄弱环节。新老混凝土强度必须达到一致，连成整体，所以湿接头部位老混凝土去皮相当重要。对于新老混凝土连接面处理，有试验资料表明，新老混凝土连接面的抗拉强度与施工时的处理方法有关，经凿毛处理的新老混凝土面的弯曲抗拉强度较低（如 C40 混凝土仅为 1.25MPa）。所以，对现浇接头部位的梁顶面应去皮处理，对有周边接触面的（如空心板铰缝）也应在预制场内凿毛洗净，以减少高空作业并保证新老混凝土黏结质量。同时由于该部位钢筋、波纹管较密集，湿接头混凝土一般用小石子混凝土分层浇筑，层层仔细振捣。梁板预制时，湿接头预埋钢筋位置一定要准确，板端钢筋预留长度要一致，避免当梁板全部安装完毕后，处理接头钢筋造成的操作环境差、工人劳动强度大而无法保证接头钢筋连接质量的情况出现。梁体上老混凝土去皮凿毛工作必须提前进行，预制梁板刚拆模后即开始施做。除对梁板端部接头老混凝土凿毛外，还必须重视铰缝混凝土和梁上部负弯矩区梁顶凿毛，避免梁板全部安装完毕，钢筋接头接好后再做此道工序而费时、费工。残渣、杂质飞落湿接头缝隙内，用高压风或高压水枪均无法彻底清除，避免影响湿接头混凝土浇筑质量，给今后桥梁运营安全带来隐患。

8. 结构性现浇层与梁端湿接头浇筑顺序

先简支后结构连续梁桥靠梁端湿接头和墩顶连续段预应力筋实现体系转换。墩顶连续段预应力筋一方面为结构性现浇层提供预压应力，另一方面为桥梁提供支点正弯矩，以抵抗桥梁运营时的支点负弯矩。结构性现浇层与梁端湿接头的施工顺序、施工时间间隔，对桥梁受力状态产生比较大的影响。因此，选择合理的施工顺序，可使桥梁成桥时获得更好的受力状态。

9. 结构性桥面铺装和非结构性桥面铺装垫层施工

按照设计要求进行梁顶剪力钢筋预埋，特别是梁翼板现浇带上的预埋。通过预制梁的试制，有必要适当调整剪力钢筋的伸出长度，以适应剪力钢筋与钢筋网之间的连接，尽量避免剪力钢筋失效。结构性桥面铺装和非结构性桥面铺装垫层混凝土浇筑后的基岩效应明显，容易出现收缩裂缝，应在规定时间（或预制梁龄期）进行施工，同时，应对裸梁顶面按要求凿毛，或刷净水泥浆，或刷专用黏结剂等增加新老混凝土连接性能的处理。施工时，采用专门的大面薄形混凝土养护措施。

第二节　现浇梁桥施工

一、支架现浇法施工

（一）地基处理

为保证现浇梁体不产生过大的变形，除了保证支架本身的强度、刚度和稳定性外，支架的基础还必须坚实牢靠，并将其沉降控制在容许范围内。

满堂式支架由于其作用面积广，因此常采用碾压夯实、换填稳定土、桩基础或浇筑混凝土层对地基进行加固处理；正常情况下，常使用推土机配合平地机将支架范围内地基整平，并用5%白灰处理，用压路机碾压夯实，靠近墩柱1m范围内用人工夯实，压实度不小于93%。如果存在“弹簧土”现象，原土清除后用灰土换填。为防止下雨浸泡地基而降低地基承载力，在压实的地基上铺设5cm厚砂浆。若地基土层为淤泥和淤泥质土，不宜直接作为支架地基持力层，应在其上覆盖较好土层作为持力层，并采取避免对淤泥和淤泥质土扰动的措施。一般采用对地基进行3m换填的办法，保证覆盖层的厚度满足地基持力结构要求。地基硬化处理后，加强基础范围内的排水工作，在两侧开挖排水沟，设流水槽，防止施工场内积水，以免造成地基不均匀沉降，影响支架稳定性。梁式或梁柱式支架因其荷载较集中，可设置桩基础、混凝土扩大基础或直接支撑在墩台身或永久性基础上。

（二）支架搭设

地基处理达到要求后，首先测出支架地面高程，根据桥梁净空高度确定各单元块支架所需整平碾压处理的地基高程，按设计的支架平面位置进行立杆位置放样。横桥向设置10cm×20cm方木，以增加立杆与地基的接触面并保证受力均匀。

杆件安装时，立杆垂直度要求误差小于0.2%，以避免偏心受压；横杆水平度要求误差小于3%，同时检查锁定是否可靠。支架搭设好后，顶面采用调节范围不小于45cm的可调节顶托作为支撑，顺桥向设左、中、右3个控制点，精确调出顶托高程，然后用明显的标记标明顶托伸出量，以便校验。最后再用拉线内插方法，依次调出每个顶托的高程。

顶托高程调整完毕后，在其上按设计间距安放纵横梁。横梁长度随桥梁宽度而定，比顶板一边各宽出至少50cm，以支撑外模支架及供检查人员行走。安装纵横梁时，应注意横梁接头与纵梁接头错开，且任何相邻两根横梁接头不在同一平面上。用底模高程（设计梁底高程+支架变形+前期施工误差调整量）来控制底模立模。

（三）支架预压和卸载

1. 预压目的

（1）验证现浇段支架安全性，消除支架、地基的非弹性变形。

（2）准确测量现浇施工中支架变形对梁板立模高程的影响值，以便为立模的预抬值提供依据。

2. 预压准备

（1）每阶段梁板预压前，对预压荷载及其分布情况进行详细计算，预压重力为底、腹板箱梁自重的1～1.3倍，并绘制出荷载分布平面图，以保证预压可准确模拟箱梁现浇时的支架受力状态。

（2）准备好预压设备、材料。

3. 预压方法

（1）砂袋

用编织袋装砂，一般不超过袋子体积的2/3，以便码放。砂袋逐袋称重。

（2）水箱（袋）

预压液袋、水囊、水袋采用高密度聚乙烯制成，可折叠，将其充满水。桥梁预压水袋一般可重叠压两个，能满足桥梁预压的吨位。

（3）混凝土预制块

干码混凝土预制块密度按2.4 t/m^3 计算，由此计算所需预制块堆码的高度。

（4）加载及支架沉降观测

加载时按照计算预压总荷载的20%、40%、60%、80%、100%、120%分级进行。中间每级加载完成后，对支架进行一次观测，最后一级加载完成后要进行24 h跟踪观测。每次观测都要根据观测记录，计算支架在两次观测时间之间的沉降情况。

（5）卸载顺序及时间

预压持载时间根据支架观测情况确定，若沉降量或支架变形没有趋于平缓，则适当延长预压时间，直至支架变形及沉降均满足规范要求（连续两天沉降量小于5mm）即可卸载。卸载按预压总荷载的20%、40%、60%、80%、100%、120%逐级卸载，每级卸载完成都要对支架进行观测，计算支架的弹性变形情况。

（6）观测成果的整理

对预压完成后的支架变形观测成果进行整理，计算出支架、地基、底模板在每级加、卸载后的弹性变形及非弹性变形，作为设置施工预拱度调整计算的依据。

（四）模板制作、安装

1. 底模板

底模板采用18mm以上的高强度木胶合板或15mm以上的竹胶合板，安装前进行全面的涂刷脱模剂。底板按设计图纸规定的2%横坡，横向宽度要大于梁底宽度，梁底两侧模板要各超出梁底边线不小于5cm，以便于在底模上支立侧模。模板之间连接部位采用海绵胶条以防漏浆，模板之间的错台不超过1mm。模板拼接缝要纵横成线，避免出现错缝现象。

底模板铺设完毕后进行平面放样，全面测量底板纵横向高程，纵横向间隔5m检测一点，根据测量结果将底模板调整到设计高程。底板高程调整完毕后，再次检测高程，若高程不符合要求则进行二次调整。

在箱梁底板铺设的同时应安装桥梁支座。支座安装前，应对支座垫石的强度、高程、表面平整度进行全面检查，按照设计尺寸在垫石上画出十字线，将支座垫石清理干净，将画有十字线的支座准确地安放在支座垫石上，要求支座中心线同支座垫石中心线重合。如果支座垫石高于设计高程，应使用砂轮机进行打磨，直到符合设计要求；如果支座垫石低于设计高程，则要使用大于支座周边 2cm 的钢板铺垫在支座下，并用环氧树脂粘贴。

2. 侧模板和翼缘板模板

侧模板和翼缘板模板采用 15mm 以上的高强度竹胶合板。根据测量放样定出箱梁底板边缘线，在底模板上弹墨线，然后安装侧模板。侧模板与底模板接缝处粘贴海绵胶条防止漏浆。在侧模板外侧背设纵横方木背肋，用钢管及扣件与支架连接，用以支撑固定侧模板。翼缘板底模板安装与箱梁底模板安装相同，外侧挡板安装与侧模板安装相同。挡板模板安装完毕后，全面检测高程和线形，确保翼缘板线形美观。

3. 箱室模板

如果箱梁混凝土分两次浇筑，箱室模板分两次安装。第一次用钢模板做内模板，用方木做横撑，同时用定位筋进行定位固定，并拉通线校正钢模板的位置和整体线形。当第一次混凝土达到一定强度后拆除内模，再用方木搭设小排架，在排架上铺设 2cm 厚木板，然后在木板上铺一层油毛毡。油毛毡接头相互搭接 5cm，用一排铁钉钉牢，防止漏浆。浇筑混凝土过程中派专人检查内模的位置变化情况。

（五）钢筋加工、安装

1. 钢筋在场内必须按不同钢种、等级、规格、牌号及生产厂家分别挂牌堆放。钢筋存放采用下垫上盖的方式，避免钢筋受潮生锈。

2. 钢筋在加工场内集中制作，运至现场安装。

3. 混凝土保护层厚度要符合设计要求。

4. 钢筋安装过程中，及时对设计的预留孔道及预埋件进行设置。设置位置要正确、固定要牢固。

5. 钢筋骨架焊接采用分层跳焊法，即从骨架中心向两端对称、错开焊接，先焊骨架下部，后焊骨架上部。钢筋焊接要调整好电焊机的电流量，防止电流量过大或操作不当造成咬筋现象。钢筋焊接优先采用双面焊，不具备双面焊施工条件时，采用单面焊接。钢筋焊接完毕后，将焊渣全部敲掉。

6. 钢筋安装位置与预应力管道或锚件位置发生冲突时，应适当调整钢筋位置，确保预应力构件位置符合设计要求。焊接钢筋时应避免钢绞线和金属波纹管道被电焊烧伤，防止张拉断裂和管道被混凝土堵塞而无法进行压浆的情况发生。

钢筋加工安装完毕，经自检合格报请监理工程师抽检合格后，方可进行下一道工序施工。

（六）混凝土浇筑

1. 混凝土浇筑前，用人工及吹风机将模板内杂物清除干净，对支架、模板、钢筋和预埋件进行全面检查，同时对吊车、拌和站、罐车、发电机和振捣棒等机械设备进行检查，确保万无一失。

2. 混凝土浇筑应沿中心线，先中心、后两侧对称浇筑。混凝土分层厚度为30cm，浇筑过程中，随时检查混凝土的坍落度。

3. 混凝土振捣采用插入式振捣棒，移动间距不应超过振捣棒作用半径的1.5倍，作用半径约为振捣棒半径的8～9倍。

4. 振捣棒振捣时与侧模保持5～10cm的距离，避免振捣棒接触模板和预应力管道等。振捣上层混凝土时，振捣棒要插入下层混凝土10cm左右。对每一振动部位振捣至混凝土停止下沉，不再冒气泡，表面平坦、泛浆为止，避免漏振或过振，每一处振完后应徐徐提出振捣棒。

5. 混凝土浇筑过程中，安排专人跟踪检查支架和模板的情况，模板若出现漏浆现象，要用海绵条进行填塞。浇筑混凝土前，在1/2、1/4截面位置的底模板下挂垂线，每截面分左边、左中、中线、右中、右边设5道垂线。垂线下系钢筋棍，在地面对应位置埋设钢筋棍，在两根钢筋棍交错位置画上标记线，以此来观测混凝土浇筑过程中底板沉降情况；若发生异常情况立即停止浇筑混凝土，查明原因后再继续施工。

6. 箱梁浇筑可以分两次进行，也可以一次浇筑完成。箱梁混凝土分两次浇筑时，第一次浇筑底板和腹板，浇筑至肋板顶部；第二次浇筑顶板和翼板，两次浇筑接缝按施工缝处理。混凝土高度略高出设计腹板顶部1cm左右，将顶面的水泥浆和松散混凝土凿除，露出坚硬的混凝土粗糙面，用水冲洗干净。

7. 第二次浇筑箱梁顶板混凝土时，在1/2、1/4、墩顶等断面处，从内侧向外侧间距5m布设钢筋棍，将钢筋棍焊在顶层钢筋上，使顶端高程为顶板高程，以此控制顶板混凝土浇筑高程及横坡。混凝土经振实整平后进行真空吸水。真空吸水时间为10～15min，以剩余水灰比检验真空吸水效果。真空吸水机开机后真空度逐渐增加，当达到要求的真空度（500～600mm汞柱）开始正常出水后，真空度要保持均匀。结束吸水工作前，真空度逐渐减弱，防止在混凝土内部留下出水通路，影响混凝土密实度。

8. 浇筑箱梁顶板预留孔混凝土前，应清除箱内杂物，避免堵塞底板排水孔。主梁顶面预留孔四壁凿毛，填筑预留孔混凝土要振捣密实。

9. 混凝土采用土工布覆盖洒水养护，保证混凝土表面始终处于湿润状态。养护时间不少于7d。用于控制张拉、落架的混凝土强度试块放置在箱梁室内，同条件进行养护。养护期内，桥面严禁堆放材料。

（七）拆除模板和支架

模板、支架的拆除期限和拆除程序等应严格按施工图设计的要求进行。设计未要求时，应据结构物特点、模板部位和混凝土所应达到的强度要求决定。

1. 非承重侧模板应在混凝土抗压强度达到2.5MPa，且能保证其表面及棱角不致因拆模受损坏时方可拆除。

2. 芯模和预留孔道的内模，应在混凝土强度能保证其表面不发生塌陷或裂缝现象时方拆除。

3. 钢筋混凝土结构的承重模板、支架，应在混凝土强度能承受其自重荷载及其他可能的叠加荷载时方可拆除。

4. 对预应力混凝土结构，其侧模应在预应力钢束张拉前拆除；底模及支架应在结构建立应力后方可拆除。

5. 模板、支架的拆除应遵循后支先拆、先支后拆的顺序进行。墩、台模板宜在其上部结构施工前拆除。

6. 拆除梁、板等结构承重模板时，在横向应同时卸落，在纵向应对称均衡卸落。简支梁、连续梁结构模板，宜从跨中向支座方向依次循环卸落；悬臂梁结构模板宜从悬臂端开始顺序卸落。

7. 低温、干燥或大风环境下拆除模板时，应采取必要的措施，防止混凝土表面产生裂缝。

8. 拆除模板、支架时，不得损伤混凝土结构。

二、悬臂现浇法施工

（一）0号块施工

1. 地基处理

采用满布支架进行0号块施工时，需对原地面进行整平及碾压处理。地基沉降过大或承载力不能满足要求时，可采用换填、设置桩基或采取其他有效的地基加固措施进行处理。

2. 支架（托架）预压

支架（托架）安装完成后，应进行预压，预压以节段质量的120%～130%进行压重，以检验支架的刚度、强度、稳定性并消除支架的塑性变形，取得支架弹性变形关系。支架（托架）预压可采用砂袋、预制混凝土块及成捆的钢材等进行预压。

3. 支架（托架）高程调整

根据预压监控成果，及时调整支架（托架）顶面高程，以保证0号块成品的位置符合设计。0号块底模铺设根据支架纵横梁布置以及底模架设计施工，最后放置好底模下纵梁和底模板，然后在底模纵梁下放置螺旋千斤顶，按要求设置预拱度，调整底模板标高，以限位钢楔块作为调整工具，然后加固。

4. 墩梁临时锚固及临时支座设置

大跨径预应力混凝土桥梁采用悬臂施工法施工，如结构采用T形刚构，因墩身与梁本身采用刚性连接，所以不存在梁墩临时固结问题。悬臂梁桥及连续梁桥采用悬臂施工法，为保证施工过程中结构稳定可靠，使0号块梁段能承受两侧悬臂施工时产生的不平衡力矩，必须采取0号块梁段与桥墩临时固结或支承措施。临时支座的作用是在施工阶段临时固结墩、梁，承受施工时由墩两侧传来的悬浇梁段荷载，在梁体合龙后便于拆除和体系转换。

5. 0号块模板

0号块底模及内模通常采用木模板，外模可采用挂篮外模板。底模、内模支撑必须牢固，决不能因支撑不均匀变形而造成梁体开裂。

外模采用挂篮外模时，将侧模用吊车吊至墩顶，支撑在支架上，并用倒链将侧模临时固定在墩身两侧；用千斤顶调整模板标高、垂直度、位置，最后固定牢靠。

6. 绑扎底板、腹板、横隔板钢筋

调整侧模的同时，快速绑扎好底板、横隔板、腹板钢筋，同时上好堵头木模板；在横隔板中间墩顶加立粗钢筋支撑横隔板内模。

底板钢筋与腹板钢筋的连接应牢固，应采用焊接；底板上、下两层的钢筋网应采用两端带弯钩的竖向筋进行连接，使之形成整体；顶板底层的横向钢筋宜采用通长钢筋。

钢筋与预应力管道相互影响时，钢筋仅可移动，不得切断。若挂篮的下限位器、下锚带、斜拉杆等部位影响下一步操作而必须切断钢筋时，应在该工序完成后，将切断的钢筋连接好再补孔。

7. 预应力管道设置

为确保预应力筋布置、穿管、张拉、灌浆的施工质量，必须确保预应力管道的设置质量，一般采用预埋金属管、金属波纹管、塑料波纹管或橡胶抽拔管。

预应力管道定位必须采用定位钢筋按照设计位置及线形布设。

8. 浇筑 0 号块混凝土

墩顶梁段宜全断面一次浇筑完成。当梁段过高一次浇筑完成难以保证质量时，可沿高度方向分两次浇筑，但宜将两次浇筑混凝土的龄期控制在 7d 以内。梁体内各种管道钢筋稠密，给捣固带来困难。振捣采用插入式振捣棒为主，附着式振动器为辅。

浇筑过程中，应采取分部、分层对称浇筑，并保证两端均衡施工，浇筑时采取从两端开始向墩顶进行。对预应力管道端部锚垫板部位，应加强振捣，避免因漏振导致的强度不足，后期张拉时锚垫板附近开裂。

9. 混凝土养护

混凝土初凝后，顶面覆盖土工布保湿，严格按施工规范浇水养护混凝土。

10. 张拉压浆

待混凝土达到设计要求的强度和弹性模量，设计无要求，不小于混凝土强度的 75% 时，方可进行张拉作业。张拉时，先张拉腹板束，后张拉顶板束，先外后内对称张拉。

（二）悬臂节段施工

1. 施工挂篮

挂篮是悬臂浇筑施工的主要机具，是一个能沿着轨道行走的活动脚手架。挂篮的主要功能有支承梁段模板，调整正确位置，吊运材料、机具，浇筑混凝土和在挂篮上张拉预应力筋。

挂篮悬挂在已经张拉锚固的箱梁梁段上，悬臂浇筑时箱梁梁段的模板安装、钢筋绑扎、管道安装、混凝土浇筑、预应力张拉、压浆等工作均在挂篮上进行。当一个梁段的施工程序完成后，挂篮解除后锚，移向下一梁段施工。所以，挂篮既是施工梁段的作业平台，又是预应力筋束张拉前梁段的承重结构。

2. 悬臂节段施工

挂篮安装且预压完成后，即可按照悬臂节段施工要求进行悬臂节段的施工。

（1）挂篮行走

当前一节段混凝土施工完毕后，需要将挂篮前移至下一个节段施工平台，称为“挂篮行走”。“挂篮行走”是一项危险性较大的关键工作，需要精心组织。“挂篮行走”的方式主要有两种，即以千斤顶顶推法和倒链拖拉法，其中千斤顶顶推法以其施工方便、行走速度快、劳动强度低等特点被广泛使用。

（2）钢筋制作、安装

钢筋在钢筋棚集中加工，现场绑扎成型。混凝土浇筑前，钢筋表面必须清洁、无油污等，钢筋下料绑扎、固定必须严格按图施工。

（3）钢铰线下料、编束和穿束

按设计图表的下料长度下料，下料采用圆盘锯切割，使钢绞线的切割面为一平面，以便在张拉时检查断丝。编束后用18～20号铁丝绑扎牢固。为便于穿入，端部焊成锥体状，用铁皮包裹以防止穿坏波纹管。中短束采用人工穿束，长、曲线束采用卷扬机牵引，穿束前清除孔内杂物。

（4）混凝土施工

箱梁节块混凝土采用泵送一次浇筑成型。浇筑顺序为：横向对称进行，纵向由外向内分层浇筑。浇筑过程中两端平衡进行，混凝土自重偏差控制在+3%～-3%。混凝土初凝后，及时覆盖无纺土工布，并安装自动喷淋装置确保养护湿度，洒水养护不少于7d，随后用塑料薄膜覆盖28d。

3. 注意事项

（1）在6级以上大风、大雾和大雨天气下，不得进行挂篮拼装、移动、拆除作业，雨后上挂篮前要做好防滑措施。挂篮设备经过大风、大雨后，要全面检查。

（2）挂篮走行必须在白天进行，严禁在夜间移动挂篮。

（3）挂篮设备施工时构部件不得任意改动，不得任意增减挂篮构部件。

（4）箱梁各阶段立模标高=设计标高+预拱度+挂篮满载后自身变形；后浇筑梁段应在已施工梁段有关实测结果的基础上做适当调整，以逐渐消除误差，保证结构线形匀顺。

（5）箱梁各阶段混凝土浇筑前，必须严格检查挂篮中线、挂篮底模标高，纵、横、竖三向应力管道，钢筋、锚头、人行道及其他预埋件的位置，认真核对无误后方可浇筑混凝土。

（6）各梁段施工加强梁体测量、观测，注意挠度变化。梁段悬臂浇筑时，T构两端施工荷载要尽可能保持平衡，并注意防止左右偏载。两端浇筑混凝土进度之差不得大于$2m^3$，悬臂阶段混凝土应一次浇筑成型。

（7）张拉过程中，装锚、量尺工人必须正确佩戴安全绳，且张拉过程中千斤顶前方不得站人，防止张拉过程中预应力钢筋断裂，千斤顶飞出伤人。

（三）边跨现浇梁段（直线段）施工

当与采用顶推法施工的连接桥相接时，可把现浇梁段临时固结在顶推梁上，到位后再进行梁的连接。其步骤如下：

设置临时桩基→浇筑钢筋混凝土承台→加宽边墩混凝土承台和设置预埋件→拼装扇形全幅万能杆件支架→搭设型钢平台→加载试压→安装现浇底模和侧模，底模下设木楔调整块→测量底板高程（包含预抬量）和位置→绑扎底腹板钢筋、竖向预应力筋安装、底板纵向预应力管道及安装端模和腹板模→自检及监理工程师验收→浇筑底板和腹板混凝土→养生待强→安装内顶模→绑扎顶板底钢筋→安装纵向及横向预应力管道→绑扎顶板顶层钢筋→自检及监理工程师验收—浇筑顶板混凝土→养生凿毛→拆除端头模板→张拉竖向预应力筋和顶板横向预应力筋→拖移外侧模→拆除箱内模板。

（四）合龙段施工及体系转换

1. 合龙段施工一般要求

（1）连续梁的合龙施工顺序为：边跨至中跨的顺序合龙、中跨至边跨的顺序合龙、先形成双悬臂刚构再顺序合龙、全桥一次性合龙。公路工程连续梁悬臂施工的合理施工顺序应按设计要求进行。设计无要求时，宜按照先边跨，后次边跨，最后中跨的顺序合龙。

（2）合龙施工前应对梁端悬臂梁段的轴线、高程和梁长受温度影响的偏移值进行观测，并应根据实际观测值进行合龙的施工计算，确定准确的合龙温度、合龙时间及合龙程序。

（3）对合龙段两端的悬臂梁段采取施加水平推力的方式调整梁体应力时，千斤顶施力应对称、均衡。

（4）合龙时，宜采取措施将合龙口两侧悬臂端予以刚性连接，再浇筑合龙段混凝土。合龙段混凝土宜在一天中气温最低且稳定的时间内浇筑，浇筑后应及时覆盖、洒水养护。

（5）合龙时，在桥面上设置的全部临时施工荷载应符合施工控制的要求。对预应力混凝土连续梁，合龙后应在规定的时间内尽快拆除墩梁临时固结装置，按设计规定的程序完成体系转换和支座反力调整。

（6）合龙梁段混凝土应按设计采用微膨胀混凝土，混凝土强度等级宜较设计要求提高一级。

2. 合龙段施工方法

合龙段施工通常采用吊架或挂篮施工。

（1）合龙段锁定

合龙段锁定的目的是在合龙前将悬臂端与边跨现浇段做临时连接，使其保持相对固定，以防止合龙段混凝土在浇筑及早期硬化过程中发生明显的体积变化，确保合龙段接缝不会出现裂缝。合龙段锁定有内刚性支撑法、外刚性支撑法、刚性支撑和临时束共同作用法3种。

通常合龙段锁定采用刚性支撑和临时束共同作用法。该法一般采用焊接劲性骨架和张拉临时预应力束，达到对合龙段“既压又撑”。支撑劲性骨架采用“预埋组合型钢+连接组合型钢+预埋组合型钢”三段式结构，其断面面积及支承位置根据锁定设计确定。合龙时，在两预埋组合型钢之间设置连接组合型钢，并由连接钢板将连接组合型钢与预埋组合型钢焊接成整体。在合龙段和悬臂端上设置临时预应力束，通过张拉临时预应力束达到对合龙段的固定。临时预应力束按设计布置，并在劲性骨架顶紧后进行张拉，临时束张拉锚固后不压浆，合龙完毕后将拆除。

（2）配重的设置

配重的目的是保持结构在施工中整个梁体的受力和变形协调一致。配重按其作用可以分为两种：一是基本配重，二是附加配重。基本配重主要是指等量替换合龙段混凝土湿重，这是为了确保梁体的挠度能达到设计值而设置。附加配重则是根据实际施工状况来定，浇筑时如果出现了重量偏差，就要施加附加配重。配重一般都是用水箱和砂袋来进行加载，根据经济、施工方便确定，在浇筑合龙段混凝土时随着浇筑同步释放压重。配重设置的方法有3种，主要包括等量配重法、等位移配重法、等弯矩配重法。

（3）体系转换

对于悬臂浇筑的桥梁结构，按照一定的顺序施工合龙和解除支座、0号段临时固结措施，将悬臂施工的静定结构转换为成桥状态的超静定连续梁，即为体系转换。公路工程连续梁悬臂施工中，体系转换步骤为：边跨合龙段施工→解除临时锁定和临时支座→形成两个单悬臂静定梁体系→中跨临时锁定→中跨合龙段施工→中跨预应力施工→完成连续梁体系转换。

（五）施工监控

悬臂浇筑施工是一种自架设体系施工法，其在施工过程中必然给桥梁结构带来较为复杂的内力和位移变化。为使桥梁的线形和内力达到设计的预期值，桥梁施工监控成为十分关键的一环。其通过监测手段得到各施工阶段结构的实际变形，从而可以跟踪掌握施工进程和发展情况。当发现施工过程中监测实际值与计算的预计值相差过大时，就立即进行检查和分析原因，避免施工质量和安全事故的发生。

（六）悬臂浇筑梁段混凝土注意事项

1. 挂篮就位后，安装并校正模板吊架，此时应对浇筑预留梁段混凝土进行抛高，以使施工完成的桥梁符合设计高程。抛高值包括施工期结构挠度、因挂篮重力和临时支承释放时支座产生的压缩变形等。

2. 模板安装应核准中心位置及高程，模板与前一段混凝土面应平整密贴。如上一节段施工后出现中线或高程误差需要调整时，应在模板安装时予以调整。

3. 安装预应力预留管道时，应与前一段预留管道接头严密对准，并用胶布包贴，防止灰浆渗入管道。管道四周应布置足够定位钢筋，确保预留管道位置正确，线形平顺。

4. 浇筑混凝土时，可以从前端开始，应尽量对称平衡浇筑。浇筑时应加强振捣，并注意对预应力预留管道的保护。

5. 为提高混凝土早期强度，以加快施工速度，在设计混凝土配合比时，一般加入早强剂或减水剂。混凝土梁段浇筑一般 5～7d 一个周期。为防止混凝土出现过大的收缩、徐变，应在配合比设计时按规范要求控制水泥用量。

6. 梁段拆模后，应对梁端的混凝土表面进行凿毛处理，以加强接头混凝土的连接。

7. 箱梁梁段混凝土浇筑，一般采用一次浇筑法。在箱梁顶板中部留一窗口，混凝土由窗口注入箱内，再分布到底模上。当箱梁断面较大时，考虑梁段混凝土数量较多，每个节段可分两次浇筑，先浇筑底板到肋板倒角以上，待底板混凝土达一定强度后再支内模，浇筑肋板上段和顶板。其接缝按施工缝要求进行处理。

8. 箱梁梁段分次浇筑混凝土时，为了不使后浇混凝土的重力引起挂篮变形，导致先浇筑混凝土开裂，应采取消除后浇混凝土引起挂篮变形的措施。

第三节　其他桥梁施工

一、斜拉桥施工

（一）索塔施工

1. 钢筋混凝土索塔施工

钢筋混凝土索塔施工可以采用支架、滑模、翻模及预制吊装等多种方法，其横梁可采用满堂支架或托架现浇施工。

（1）支架现浇

这种方法工艺成熟，无需专用的施工设备，能适应较复杂的断面形式，锚固区的预留孔道和预埋件的处理也较方便，但其缺点是施工周期较长。跨度200m左右的斜拉桥，一般塔高在40m上下，支架现浇比较合适。

（2）滑模和翻模施工

此种方法是斜拉桥索塔最常用的施工方法。这种方法的最大优点施工速度快，适用于竖直或倾斜的高塔施工；缺点是对斜拉索锚固区预留孔道和预埋处理困难。

（3）预制吊装

这种方法要求有较强起重能力的吊装设备，当桥塔不是太高时，可以加速施工进度，减轻高空作业的难度和劳动强度。混凝土结构一般采用卧式预制，由绞车和滑轮配合锚在对岸山壁上的钢丝绳和滑轮进行吊装。

2. 钢索塔施工

钢索塔通常采用预制拼装，主要包括工厂分段加工和现场吊装两个阶段。

（1）工厂分段加工。钢索塔构件在工厂按照设计图纸和技术规范进行加工，加工完毕后的构件经过立体试拼装合格后方可出厂。

（2）现场吊装。钢索塔在现场吊装时常采用现场焊接接头、高强度螺栓连接、焊接和螺栓混合连接等形式进行装配，其操作应遵循一般钢结构的拼装要求，特别应注意尺寸的准确性，并使结构单元简化，减少拼装时的吊装次数。

（二）主梁施工

1. 顶推法

顶推法的特点是施工时需在跨间设置若干临时支墩，顶推过程中主梁反复承受正、负弯矩。该法较适用于桥下净空较低、修建临时支墩造价不大、支墩不影响桥下交通、抗压和抗拉能力相同，能承受反复弯矩的钢斜拉桥主梁的施工。对混凝土斜拉桥主梁而言，由于拉索水平分力能对主梁提供免费预应力。例如，在拉索张拉前顶推主梁，临时支墩间距又超过主梁负担自重弯矩能力时，为满足施工需要，需设置临时预应力束，在经济上不合算。

2. 平转法

平转法是将上部构造分别在两岸或一岸顺河流方向的支架上现浇，并在岸上完成所有的落架、张拉、调索等所有安装工作，然后以墩、塔为圆心，整体旋转到桥位合龙。平转法适用于桥址地形平坦、墩身矮和结构系适合整体转动的中小跨径斜拉桥。我国四川马尔康地区金川桥（跨径为68m+37m），采用塔、梁、墩固体体系的钢筋混凝土独塔斜拉桥，塔高25m，中跨为空心箱梁，边跨为实心箱梁，就是采用平转法施工的。

3. 支架法

当所跨越的河流通航要求不高或岸跨无通航要求，且允许设置临时支墩时，可以直接在脚手架上拼装或浇筑主梁，也可以在临时支墩上设置便梁，在便梁上拼装或浇筑主梁。这种方法的优点是施工简单方便，且能确保主梁结构满足设计线形的要求。

4. 悬臂法

可以在支架上修建边跨，然后中跨采用悬臂拼装法和悬臂施工的单悬臂法；也可以是对称平衡方式的双悬臂法。悬臂施工法分为悬臂拼装法和悬臂浇筑法两种。悬臂拼装法一般是先在塔柱区现浇一段放置起吊设备的起始梁段，然后用各种起吊设备从塔柱两侧依次对称安装节段，使悬臂不断伸长直至合龙。悬臂浇筑法是从塔柱两侧用挂篮对称逐段就地浇筑混凝土。我国大部分混凝土斜拉桥主梁都采用悬臂浇筑法施工。

（三）斜拉索施工

1. 拉索制作

为保证拉索质量，斜拉索制作一般不宜在施工现场制作，最好进行工厂化生产，并对拉索进行跟踪检验。斜拉索的防护分为永久防护和临时防护。临时防护为从出厂到开始永久防护的一段时间。永久防护为拉索钢材下料到桥梁营运期间，分为内防护和外防护。内防护是直接防止拉索锈蚀，外防护是保护内防护材料不致露出、老化等。

2. 拉索运输

拉索在制索场制成后，暂时堆放在制索场并在安装前运到桥上。对小直径的短索来说，其困难不大，但对直径较大且已制作了刚性索套的长索来说，其运输困难是很大的。这不仅是由于大直径索比较重，更重要的是带有索套的索不允许有过小的弯曲半径，否则很容易导致索套开裂破坏。

3. 挂索

（1）在工作索道上引架

这种方法是先在斜拉索位置安装一条工作索道，斜拉索沿着工作索道引架就位。国外早期的斜拉桥较多采用这种方法，目前这种方法已很少使用。

（2）由临时钢索及滑轮吊索引架

这种方法是在待引架的斜拉索上先安装一根临时钢索的导向索。斜拉索挂在沿导向索滑动并与牵引索相连接的滑动吊钩上，用绞车引架就位。

(3) 利用卷扬机或起重机直接引架

这种方法最为简捷，也特别适合于密索体系的悬臂施工。浇筑桥塔时，在塔顶预埋扣件，挂上滑轮组，利用桥面上的卷扬机和牵引绳通过转向滑轮和塔顶滑轮将斜拉索起吊，一端塞进箱梁，一端塞进桥塔。这种方法在吊装过程中可能会损伤索外的防护材料，需小心施工。

4. 拉索张拉与索力测定

斜拉索张拉是用千斤顶对拉索的索力进行调整。索力的大小，由设计师根据各个不同的工况，经计算后给定。要在施工中准确控制索力，首先掌握测定索力的方法。索力测定方法有压力表测定千斤顶液压、压力传感器直接测定和根据拉索振动频率计算索力。

(四) 施工控制

斜拉桥是高次超静定结构，为了确保斜拉桥在施工过程中结构的受力状态和变形处在设计值的安全范围内，成桥后的主梁线形符合预期的目标，并使结构处于理想的受力状态，故在施工过程中对其进行施工控制有着十分重要的必要性。

斜拉桥上部结构施工时应对其施工过程进行控制，应保证结构在施工过程中始终处在安全范围内，成桥后的线形、内力和索力应符合设计要求。施工控制的方法宜根据结构特点、施工方案和环境条件等因素综合选择确定。

斜拉桥的施工控制宜遵守以下原则：在主梁悬臂施工阶段以高程控制为主；二期恒载施工阶段以索力控制为主。

二、悬索桥施工

(一) 施工准备

1. 主索鞍、散索鞍和索夹制作

主索鞍是设置于悬索桥索塔塔顶，用于支撑主缆的永久性大型钢构件。主索鞍主要由鞍头（放置主缆索股的承缆槽）、鞍身（支撑鞍头的骨架）、上底座板（整个鞍体的支撑）、附属装置（下底座板、摩擦副、导向装置等）4 部分组成。主索鞍的制作方式有全铸式、铸焊式、全焊式、假焊式等。散索鞍设置于锚碇前端，将锚面与主索之间的主缆分为锚跨和边跨，其主要功能是将主缆索胶在竖直方向散开，引入锚固点。散索鞍的制作方式有全铸式、铸焊式、全焊式。索夹是将上缆和吊索相连接的连接件，大跨悬索桥的索夹

（一般为两个半圆形的铸钢构件），由高强螺栓固定在主缆上。

2. 主缆制作

主缆是悬索桥的主要承重结构。主缆的形成有空中纺丝法（AS 法）和预制平行索股法（PPWS 法）两种，前者无需预先制作索股，直接在桥上架设。为便于主缆截面最终被压缩成圆形，PPWS 法是将丝股先排成六边形，最后通过紧细挤压成圆形。

3. 吊索制作

吊索是连接主缆和加劲梁的主要构件，分为竖直吊索和斜用索两种，后者应用较少。竖直吊索一般采用镀锌钢丝绳制作。钢丝绳吊索的制作工艺流程为：材料准备→预张拉→弹性模量测定→长度标记→切割下料→灌铸锥形锚块→灌铸热铸锚头→恒载复核→吊索上盘。

4. 锚头灌铸

悬索桥所用的锚头有主缆索股锚头和吊索锚头。锚头铸体一般采用锌铜合金材料。灌铸锚头的施工顺序如下：

（1）在索股端部的适当位置绑扎钢丝，以防止索股扭转和滑动。

（2）清洗索股端部钢丝和锚杯内壁的污物，同时测量锚杯容积，以控制灌铸量。

（3）将索股端部穿入锚杯并均匀散开，使其中心尽量与锚杯中心一致，用清洗剂清洗插入的钢丝和锚杯内壁并安装定位夹具，以保证钢丝的位置正确和锚固长度。

（4）将准备好的索股提升到灌锚架上，对锚具进行拉平、定位，以保证锚杯顶面与索股保持垂直，然后封底。利用预热罩对装好的锚杯进行预热，用坩埚电炉镕合事先已配好的镀锌铜合金。当锚杯预热温度到指定温度时开始灌铸，并通过称量法检查合金的实际灌铸量（不得小于理论值的 92%），灌铸后待合金温度降至 80℃以下时，用千斤顶从锚杯后面对灌铸的合金进行预压，其变形量符合设计要求。

5. 加劲梁制造

加劲梁直接承受和传递车辆荷载、风荷载、温度荷载和地震作用，并控制着荷载的分布和大小。加劲梁常采用钢箱梁和钢桁梁。钢箱梁的制造过程为：切割→零件和部件矫正→部件及组拼件制造→梁段制造→梁段顶拼及验收→焊接。

（二）锚碇施工

1. 主缆锚固体系施工

在重力式锚碇中，锚固体系根据主缆在锚块中的锚固位置分为后锚式和前锚式两种结构形式。

后锚式是将索股直接穿过锚块，在锚块后面锚固；前锚式是索股锚头在锚块前锚固，通过锚固体系将主缆拉力作用到锚体上。前锚式锚固体系又分为型钢锚固体系和预应力锚固体系两种结构形式。

型钢锚固体系的施工程序为：预制锚杆、锚梁→现场拼装支架→安装前锚梁→安装锚杆→精确调整位置→浇筑锚体混凝土。

预应力锚固体系的施工程序为：基础施工→安装预应力管道→浇筑→锚体混凝土→管道中穿预应力筋→安装锚固连接器→张拉预应力筋→预应力管道压浆→安装、张拉索股。

2. 锚碇体施工

悬索桥的锚碇体属于大体积混凝土结构，尤其是重力式锚碇，因而要按大体积混凝土的施工方法进行施工。

3. 散索鞍安装

散索鞍安装在底座板安装好后进行，而底座板通过在散索鞍混凝土基础中精确预埋的螺栓固定在基础上。散索鞍是重型构件，需要大型起重设备安装。安装时，可采用重型起重机，也可采用贝雷架或万能杆件架设的龙门架。隧道锚的散索鞍则采用整体拖运和溜放，再用千斤顶顶升就位。

（三）索塔施工

索塔按材料可分为钢筋混凝土塔和钢塔。钢筋混凝土塔一般为门式刚架结构，由箱形空心塔柱和模系梁组成。钢塔常见的结构形式有桁架式、刚架式和混合式等。

钢筋混凝土塔身施工时，其模板常采用滑模、爬模、翻模、辊模等形式。塔柱竖向主钢筋接长常采用冷弯套管连接、电渣焊、气压焊等方法。混凝土常采用泵送或吊罐运输。塔身施工到塔顶时，需预埋主索鞍钢框架支座螺栓和塔顶吊架、施工猫道预埋件。

（四）主缆施工

1. 牵引系统

牵引系统是架于两锚碇之间，跨越索塔并用于空中拽拉的牵引设备。它主要承担猫道架设、主缆架设和部分牵引吊运工作。牵引系统常用的有循环式和往复式两种形式。架设牵引索之前，通常是先将比牵引索细的先导索渡江（海、河），然后利用先导索架设牵引索。

2. 猫道

猫道是为架设主缆、紧缆、安装索夹、安装吊索以及空中作业所提供的脚手架。猫道承重索的线形与主缆基本一致，在架设过程中要注意左右边跨、中跨作业平衡，尽量减少对塔的变位影响，确保主缆架设质量。猫道上有横梁、面层、横向通道、扶手绳、栏杆立柱、安全网等。

3. 主缆架设

主缆架设空中纺丝法（AS 法）的施工步骤为：首先进行标准丝段架设，即把预先在工厂制作好的标准丝段引上猫道，并按设计位置架设就位；其次进行丝股架设，通过多次空中纺丝，使钢丝在散索鞍、主索鞍和猫道上的成型导具内按设计位置排列，形成丝股；最后进行丝段调整。

主缆架设预制平行索股法（PPWS 法）的施工步骤：首先进行索股架设，利用拽拉器将索股牵引到对岸的锚碇处，并安装好索股前端的锚头引入装置；然后用塔顶和散索鞍顶横移装置将索股横移到规定的位置；再进行索股整形，放入鞍座内；最后将锚头引入并锚固。

4. 紧缆

索股架设完成后，需通过紧缆工作，把索股群整形成为圆形。

5. 安装索夹

紧缆完成后，在主缆上用螺栓将索夹安装就位。索夹安装的顺序是从跨中向塔顶进行，而边跨是从散索鞍向塔顶进行。

6. 架设吊索

架设吊索时，采用塔顶吊机将吊索提升到索塔顶部，再用缆索天车将其从放丝架上吊运到架设地点后进行安装。

（五）加劲梁架设

对于桁架式加劲梁，其架设办法可分为按架设单元的架设方法和按连接状态的架设方法。按架设单元可分为按单根杆件、桁片（平面桁架）、节段（空间桁架）进行架设 3 种方法。这 3 种方法可以分别使用，也可以根据需要在同一座桥上采用多种方法。按连接状态架设可分为全铰法、逐次刚接法和有架设铰的逐次刚接法。

三、拱桥施工

（一）拱架法施工

采取施工时搭设临时性支架施工上部结构的方法，这种施工方法也称“拱架施工”。

其步骤是先使用钢材以及木材等材料搭设形成拱架，接着在拱架上完成主拱圈施工，待主拱圈及其拱上结构施工完毕后，再拆除拱架。

在拱架上对拱圈进行施工时，拱架会由于荷载不断加大而发生相应的变形，可能导致已施工完成的部分圬工出现裂缝。为了使各个施工环节的拱架获得均衡受力，使变形程度最低，保证拱圈质量，务必要使用合理的施工方法以及步骤。该种施工方法对那些跨度较小的桥梁较为合适，而且工艺简单，能对施工精度产生影响的因素不多，再加上施工控制力度不足而导致的不良后果也不是非常明显，因此人们易于将其重要性忽略。

（二）缆索装法施工

缆索吊装法施工是通过缆索吊机开展水平运输工作，将拱圈节段垂直起吊并进行安装，利用悬扣（也可以是构成悬臂桁架）进行分段安装，并于最后将拱圈合龙。缆索吊装法施工也称为“无支架施工”，属于拱桥施工过程中经常使用的一种方法。其不仅跨越能力强，而且不论是水平还是垂直运输都灵活、机动，不会因为地形或者是施工场地等受到影响，同时施工方便快捷。目前该方法主要应用于跨度较大的钢管混凝土拱桥建设过程中。

（三）劲性骨架法施工

劲性骨架法施工是以钢骨架作为拱圈的劲性拱架，采用现浇混凝土包裹骨架，最后形成钢筋混凝土拱桥。施工中，首先将拱圈的全部受力钢筋按设计形状和尺寸制成，并安装就位合龙形成钢骨架，然后用系吊在钢骨架上的吊篮逐段浇筑混凝土。当骨架全部由混凝土包裹后，就形成钢筋混凝土拱圈（或拱肋）。用这种方法施工的钢骨架，不但需满足拱圈的要求，而且施工中还起临时拱架的作用，因此，需有一定的刚性。一般选用劲性钢材（如角钢、槽钢、钢管等）作为拱圈的受力钢筋。劲性骨架法因能解决拱桥施工的“自架设问题”，故目前主要用于大跨径拱桥中。

采用劲性骨架的拱桥上部施工，主要施工步骤为：劲性钢骨架制作→劲性钢骨架安装→拱肋浇筑→横梁和吊杆安装。

（四）转体法施工

转体法施工是将拱圈或整个上部结构分成两个半跨，分别在河两岸利用地形或简单支架浇筑或预制装配成半拱。然后，利用动力装置将两半拱转动至桥轴线位置上或设计标高合龙成拱。转体施工法可减少大量的高空作业，施工安全，并可大幅度地减少对桥下交通的干扰。转体施工法可按转动方向分为三大类：竖向转体、平面转体和平竖结合转体。

竖向转体施工：拱肋制作时的平面位置相同，但拱肋在低位或靠山仰坡上制作，然后再从两边逐渐抬升或放倒预制拱肋搭接成桥。一般只在中、小跨径拱桥中使用。

平面转体施工：将拱圈分成两个半跨，分别利用两岸地形立简单支架，现浇或预制拼装拱肋，安装拱肋横向联系，把扣索一端锚固在拱肋端部（靠拱顶附近），慢速将拱肋转体 180°（或小于 180°）合龙，最后再进行主拱圈和拱上建筑施工。关键设备是转盘。

平竖结合转体施工：这是钢管混凝土拱桥施工中对转体施工方法发展所做出的突出贡献，同时转体重量也有了极大的提高，它使桥梁转体施工法进入了新的发展阶段。

参考文献

[1] 赵福君，王怡森，易亮. 公路桥梁施工技术与管理研究［M］. 北京：现代出版社，2023.

[2] 李振中. 公路桥梁设计与施工技术研究［M］. 长春：吉林科学技术出版社，2023.

[3] 贺伟，卢俊杰，张剑锋. 高速公路施工与养护管理［M］. 北京：中国石化出版社，2023.

[4] 赵利军，张毅，马英杰. 公路施工新技术与工程管理研究［M］. 哈尔滨：哈尔滨出版社，2023.

[5] 康召才，刘长天，刘佳. 公路桥梁工程设计与施工管理［M］. 哈尔滨：哈尔滨出版社，2023.

[6] 杨光耀，杨新，郑胜利. 公路桥梁施工与维修养护研究［M］. 长春：吉林科学技术出版社，2022.

[7] 张磊，周裔聪，林培进. 公路桥梁施工与项目管理研究［M］. 延吉：延边大学出版社，2022.

[8] 罗春德，尹雪云，李文兴. 公路桥梁工程施工技术与养护管理［M］. 长春：吉林科学技术出版社，2022.

[9] 王超，江浩，郑泽海，等. 公路桥梁工程施工技术与管理［M］. 北京：中国石化出版社，2022.

[10] 王旭，王恩惠，郭晓春. 公路桥梁工程施工与养护管理［M］. 长春：吉林科学技术出版社，2022.

[11] 李刚，宁尚勇，林智. 公路桥梁工程施工与项目管理［M］. 武汉：华中科技大学出版社，2022.

[12] 宋宏伟，洪启华，洪俊财. 公路桥梁工程施工技术研究及项目管理［M］. 北京：中国石化出版社，2022.

[13] 王修山. 道路与桥梁施工技术［M］. 2 版. 北京：机械工业出版社，2022.

[14] 杨海燕，曲建涛，张德轶. 公路工程施工及成本管理研究［M］. 延吉：延边大学出版社，2022.

[15] 王晶，姜琴，李双祥. 路桥工程建设与公路施工管理［M］. 汕头：汕头大学出版社，2022.

[16] 武学科. 公路工程检测及其创新技术研究［M］. 沈阳：东北大学出版社，2022.

[17] 孙永军，林学礼，曲明. 公路桥梁工程与施工管理［M］. 长春：吉林科学技术出版社，2021.

[18] 冯少杰，高辉，孙成银. 公路桥梁隧道施工与工程管理［M］. 长春：吉林科学技术出版社，2021.

[19] 王展望，张涛锋，张林. 公路与桥梁工程施工及质量控制研究［M］. 西安：西安交通大学出版社，2021.

[20] 李燕鹰，张爱梅，钱晓明. 公路桥梁工程施工与养护技术［M］. 长春：吉林科学技术出版社，2021.

[21] 刘培璋，李宇，贾清柱. 高速公路养护管理与桥梁工程施工［M］. 北京：中国石化出版社，2021.

[22] 胡栾乔，聂丽群，吴耀南. 公路桥梁工程施工与管理研究［M］. 北京：中国华侨出版社，2021.

[23] 陈春玲，刘明，李冬子. 公路工程建设与路桥隧道施工管理［M］. 汕头：汕头大学出版社，2021.

[24] 刘相龙，高文彬. 公路桥梁施工组织与养护管理［M］. 北京：中国原子能出版社，2020.

[25] 刘勇，郑鹏，王庆. 水利工程与公路桥梁施工管理［M］. 长春：吉林科学技术出版社，2020.

[26] 张国祥，陈金云，张好霞. 公路与桥梁施工技术及管理研究［M］. 北京：文化发展出版社，2020.

[27] 杨飞. 公路桥梁施工与隧道工程［M］. 天津：天津科学技术出版社，2020.

[28] 张琴光，戴安婵，肖智安. 高速公路桥梁隧道施工“四新技术”应用研究［M］. 长春：吉林科学技术出版社，2020.

[29] 吴留星. 公路桥梁与维修养护［M］. 北京：中国纺织出版社，2020.

[30] 马国峰，刘玉娟. 桥梁上部结构施工技术［M］. 北京：北京理工大学出版社，2020.